Prayer in Pastoral Counseling

Suffering, Healing, and Discernment

by
Edward P. Wimberly

translated by
Jo Seph, Jeon

1998
Agape Culture Publishing Company
Seoul, KOREA

치유와 기도
-결혼상담과 가정상담의 사례를 중심으로-

에드워드 P. 윔벌리 지음
전요섭 옮김

아가페문화사

■ 추천사

　현대는 매우 다원화 되어 단순하지 않은 시대로서 여러 가지 심리적인 문제가 과거 그 어느 때보다도 많이 발생하고 있습니다. 이러한 상황에서 교회와 신학이 그저 바라만 보고 있을 수는 없으며, 사회 속으로 들어가서 사람들이 겪고 있는 문제를 해결해 줄 때에 진정한 빛과 소금의 역할을 다하는 것이라고 믿습니다. 우리가 가지고 있는 신앙이 신자들의 여러 가지 문제들을 해결, 치료할 수 없다면 그것은 생명이 떠난 신앙이라고 할 수 있을 것입니다.

　그런 의미에서 은혜의 방편(the means of grace)들을 활용하여 신자들이 겪고 있는 다양한 문제와 고통들을 하나님께로 가져갈 수 있도록 연결시키고 해결할 수 있도록 하는 것은 목회자의 독특한 사역이라고 할 수 있겠습니다.

　특별히 이런 일은 신학 분야 가운데서도 목회상담에서 주로 관심을 갖고 연구하며 그 연구의 결과들을 제시하게 될 것인데 은혜의 방편, 즉 기도, 성경, 예배, 찬양, 성례 등이 신자들의 문제 해결에 결정적인 역할을 한다는 것은 복음주의 목회상담학의교과서 같은 원리입니다. 그 가운데서도 기도는 치료적 효과뿐만 아니라 문제 해결에 중요한 역할을 하는 것인데 금번 본 대학에 목회상담학을 담당하는 전요섭 교수가 Edward P. Wimberly 교수의 「치유와 기도」라는 책을 번역, 출간하게 된 것은 매우 다행한 일이라 하겠습니다.

　본인이 알기로는 Wimberly 교수는 Garrett Evangelical Theological Seminary의 목회상담학 교수이며 흑인으로서 미 감리교에서 두각을 나타내는 복음적인 훌륭한 학자로 알고 있습니다.

현대 목회상담학의 일각에서는 기도나 성경보다는 일반 심리치료 이론에 더 권위를 두는 경향이 있으나 이는 바람직하지 못하다고 봅니다. 그런 의미에서 볼 때 이 책은 매우 건전한 복음주의적인 입장이라고 하겠습니다.

이러한 책이 우리나라에 진작 소개되었어야 하는데 지금이라도 읽을 수 있게 된 것은 다행스런 일이며 참으로 기쁜 일입니다. 우리 대학에서 목회상담학 전공으로는 자랑할만한 전요섭 교수에 의해서 이 일이 이루어진 것을 더욱 기쁘게 생각하며 복음적인 목회상담학을 수립하고 기도의 효과를 얻고자 하는 목회상담자들에게 이 책을 널리 추천하고 싶습니다.

1998년 9월 30일

성결대학교 총장 철학박사(Ph.D.)

성 기 호 成耆虎

■ 저자 서문

목회상담자나 내담자들은 그들의 삶 속에서 하나님이 함께 하신다는 사실을 인식할 때 비로소 삶의 희망을 얻게 된다. 우리의 사회 현장에서는 많은 사람들이 하나님의 존재에 대한 확신을 잃어버린 채 살아가고 있는 것이 사실이다. 그러나 인생에서 견딜 수 없는 가장 힘든 고통을 체험하고 있는 많은 사람들에게 하나님께서는 그들의 상처받은 마음을 치유하기 원하시고, 또한 치유하고 계신 것이다. 우리는 이런 사실을 깨닫게 될 때 힘과 용기를 얻을 뿐만 아니라 인생에 있어서 벅찬 감격과 희망의 나래를 펼쳐 나갈 수 있는 것이다.

본서는 목회상담과 기독교 상담에 있어서 그 상담의 도구로서 심리학적 지침을 어떻게 수렴할 것인가에 대하여 어필하고 있으며, 상담의 실제에 있어서는 내담자가 하나님께서 자신과 함께 하심을 스스로 인식하게 하며, 또한 상담자는 여러 가지 문제로 인하여 고민하고 있는 내담자를 치유하고 영적, 정신적으로 더 건강할 수 있도록 하는데 그 촛점을 두었다.

목회상담과 기독교 상담에 있어서 심리학적 지침은 중요한 핵이라 할 수 있으며 뿐만 아니라 기도, 상담, 심리학적인 지침들 서로 간에 인식의 조화가 이루어 질 때 비로소 성공적인 상담이 이루어 질 수 있는 것이다. 본서에서는 이러한 유익한 방법을 알아보기 위해 세 가지 경우를 명쾌하게 제시하고 있다.

끝으로 본서는 목회자, 목회상담자, 평신도상담자 그리고 기독교 상담지도자들이 활용할 수 있는 지침서로서 실전을 위해 자신 있게 쓰여진 것임을 밝히는 바이다.

Edward P. Wimberly

■ 목 차

- 추천사 / 3
- 저자 서문 / 5

제1장 목회상담에서의 치유와 기도 ······ 9
1. 인식 모델과 성경 • 14
2. 목회상담과 기도의 상관성 • 16
3. 목회상담과 기도의 단계 • 17
   (1) 첫 번째 단계 / 현재의 문제점 파악 • 18
   (2) 두 번째 단계 / 문제 해결의 모색을 도움 • 20
   (3) 세 번째 단계 / 해결책을 실행에 옮김 • 22
4. 요해 • 23

제2장 목회상담의 초기 단계 ······ 25
1. 개인 상담의 초기 단계 / 내담자의 문제탐색 • 29
2. 부부 상담의 초기 단계 / 부부관계 탐색 • 36
3. 가족 상담의 초기 단계 / 전체적인 가족 일원 파악 • 42
4. 요해 • 46

제3장 목회상담의 목표 설정 ······ 49
1. 문제에 대한 이해력 / 은유, 주제, 이야기를 통한 감정이입 • 51
2. 목표 설정 / 내담자의 목표를 공식화하도록 도움 • 58
3. 요해 • 66

제4장 결혼 상담과 가족 상담의 목표 설정 …… 69
   1. 결혼 상담 / 부부의 공감대와 서로의 이해 • 72
   2. 가족 상담 / 전체의 가족구성원이 상담의 초점 • 85
   3. 요해 • 95

제5장 개인 상담의 실행 단계 …… 97
   1. 정신적 지침의 필요성 / 하나님의 능력을 고백 • 99
   2. 요해 • 107

제6장 비극적 인생관의 극복 …… 109
   1. 성경 내용의 발견 / 비극적 삶에서 새로운 인생관으로의 전환 • 111
   2. 자기 수용과 용서 / 좌절에서 소망으로의 전환 • 118
   3. 요해 • 125

제7장 결혼 상담의 실행 단계 …… 127
   • 목표 1 - 공격과 퇴각의 악순환과 탈피 • 133
   • 목표 2 - 차이점의 인정과 수용 • 142
   • 목표 3 - 개인 이야기의 수정 • 148
   • 목표 4 - 부부 관계에 대한 도움 • 151
   • 요해 • 157

결론 - 성숙한 삶을 위한 열린 마음을 기대하며 …… 159

   • 참고문헌 / 161

제1장

목회상담에서의 치유와 기도

치유는 하나님의 역사이다.[1] 목회상담의 현장에서 기도를 통해 나타나는 모든 치유는 바로 하나님께서 우리와 함께 하심으로써 나타나는 살아 있는 역사인 것이다. 기도를 통해서 우리는 하나님과의 친밀한 접촉을 할 수 있게 되고 우리의 삶에 역사하시는 하나님의 치유의 능력과 그 힘의 근원을 체험할 수 있게 된다. 또한 하나님께서 인간을 치유하시고 건강하게 성장해 나아갈 수 있도록 하기 위해서는 하나님의 능력을 고백하는 기도가 있어야 하는 것이다. 이런 관점에서 볼 때, 기도를 통한 하나님의 치유와 온전케 하는 능력을 인식하고 그 역사에 응답하는 것이 치유 사역에 대한 인식의 모델인 것이다.

목회상담의 인식 모델에서 믿음과 치유 사이에는 뗄래야 뗄 수 없는 매우 밀접한 관계를 맺어 왔다. 내담자의 삶과 그의 삶의 현장에서 일어나는 치유와 그에 대한 믿음은 치유 과정에서 필요불급한 중요한 요인이다. 여기서 믿음이란 치유 관계에서 인간에게 작용하는 하나님의 성령의 역사 즉, 치유하시는 능력에 대한 내담자의 신뢰라고 정의할 수 있겠다. 그러므로 목회상담은 하나님의 치유 역사에 대한 믿음을 부여하는 과정으로 볼 수 있다. 그렇기에 이러한 인식은 치료의 과정에 큰 도움이 되는 것이다. 내담자가 하나님과의 상관적인 존재라는 사실을 믿게 될 때 비로소 건강하고 온전하게 되며 마음의 평강을 얻게 되는 것이다.

그렇기 때문에 이러한 믿음은 당연하게 저절로 생기는 것은 아니다. 그것은 치유를 체험하게 될 것이라는 기대, 그리고 내담자가 하나님께 향한 간절한 치유의 요청에 의해서 생기는 것이다.[2] 인식 모델에서 믿음은 하나님께서 이미 행하고 계시는 역사에 대한 신뢰이다. 치유는 단순히 치유를 가져오리라는 기대감이나 내담자의 노력으로부터 오는 것이 아니라 하나님의 실제적이고도 구체적인 행동으로부터 오는 것이다. 인식 모델을 통해 치유에 대한 믿음을 쌓는 데에는 규칙이 있다. 만약 어떤 사람이 하나님께서 치유를 위해 역사하시고 계시다는 것을 믿는다면 비로소 그는 하나님의 역사에 응답할 수 있는 조건이 충족된 것이다. 그런 믿음이 부족하다면 하나님께서 행하시는 치유의 역사에 장애가 되며 효과적으로 적절하게 응답할 수 없다.

또한 믿음은 하나님의 치유 역사를 어느 누구의 도움으로서가 아닌 하나님의 독립적인 사역으로 이해하는 첩경이 된다. 실제로 성경은 "성령이 우리의 연약함을 도우시나니"(롬 8:26)라고 했다. 치유와 건강을 가져오는 근원은 우리 자신이 아니라 성령의 역사에 의해서 되어지는 것이다. 우리가 할 일은 성령께서 어떻게 역사 해야 할 것인가를 정하는 것이 아니라 단지 성령께서 하시는 일에 순응하는 것뿐이다.

하나님의 치유에 대한 이런 신앙적인 관점은 충분히 육체적인 치유를 직시하는데 도움이 된다. 치유라는 것은 건강한 사람이 되기 위한 것이다. 따라서 육체적인 것일 뿐만 아니라 감정적이고, 정신적이며, 영적인 것을 포함하는 전인성을 의미한다. 그러한 치유의 중요성과 독특성에 대한 우리의 새로운 인식이 필요하다.

비록 인식 모델이 전인적인 치유를 강조한다고 하더라도 거기에는 인간의 심각한 고난의 극복이라는 전제가 따르기 마련이다. 사실 현대인들은 자신이 겪는 고난과 고통을 종종 하나님의 부재로서 해석하고 이해 한다.[3] 그러나 하나님의 역사는 인간이 고난과 고통을 당하는 순간에도 일어난다고 볼 수 있다. 그러므로 인간이 고난을 받고 있을 때 하나님의 역사하심을 인식하는 것이 매우 중요하다. 성경적이고 신학적인 기초를 다지는 것은 우리로 하여금 그러한 인식을 가능하게 해 준다. 로마서 8장 26절은 인간이 고난을 받을 때 하나님의 역사하시는 방식과 고난에 대한 현실적인 견해를 보여주고 있다. 고난에 대한 해석은 신학에서 매우 중요한 개념을 나타낸다. 로마서 8장 26절에서의 연약함은 인간의 고난을 의미한다. 기도는 우리의 영적 성장을 위하여 성령이 고난에 대한 정도를 조정하는 것이라고 할 수 있다. 사도 바울은 성령을 인간이 고난을 받을 때 나타나서 도와주시는 분으로 이해한다. 즉 인간이 고난을 받을 때 하나님은 우리와 함께 하시며 성령을 통한 변화의 역사를 이루어 가신다는 것이다. 바울은 예수 그리스도를 믿으며 고난을 받고 있는 사람들을 위해 심리적인 깊은 통찰과 무제한의 수용성 및 독특성을 가진 성령의 역사가 있음을 분명하게 지적한다. 인간이 이 세상에 살아있는 동안 고난과 고통, 그리고 죽음은 궁극적으로 없어지지 않고 계속 존재할 것이다. 그러나 예수 그리스도를 믿는 사람들은 고난과 고통, 그리고 상처를 받고 있을 때라도 그것을 극복할 수 있는 능력과 소망을 가지고 있는 자들이다.[4]

 현실적으로 견디기 어려운 매우 심각한 고난과 고통을 당하고 있을지라도 로마서에 언급된 성령의 역사는 우리에게 소망을 주기 때문에 결코 절망할 필요는 없다. 목회상담자들은 치유와 건강함을 가져오는 성령의 역사가 이미 교인들의 삶에 나타나고 있다고 생각해도 좋을 것이다. 그러므로 상담자는 내담자인 교인들로 하여금 성령의 역사가 그들의 삶의 어느 부분에서 역사하고 있는가를 바르게 인식하도록 도울 수 있어야 한다. 성령의 역사가 자신들에게 일어나고 있다는 것을 인식하고 있는 사람들도 있을 것이다. 이러한 자들에게 우리는 그들이 일상 생활에서 하나님 앞으로 한 걸음 더 나아가는데 있어 하나님께서 그들을 위해 역사하시는 일을 충분히 구체화하고 나타낼 수 있다.

내담자에게는 하나님의 치유 역사에 응답하는데 있어서 방해가 되는 감정적이고 개인적인 장벽이 있다. 본서에서 우리는 내담자가 하나님의 역사하심을 확인하고 응답할 수 있도록 돕는데 있어서 지켜야 할 목회상담의 방안을 살펴 볼 것이다. 또한 하나님의 전인적인 치유 역사에 응답하는데 방해가 되는 감정적이고 개인적인 장벽들을 내담자가 확인하도록 돕는데 있어서 목회상담의 방안을 보여 줄 것이다.

1. 인식 모델과 성경

본서에서 사용된 용어 해설은 목회상담의 인식 모델에 적합한 용어로서 강조되었다. 인식 모델은 심리적으로 어떻게 성령이 우리의 삶에서 역사하시는지를 설명하기 위해서 용어 해설을 도출해 낸 것이다. 이것은 성령의 역사가 인간의 언어를 통해서 종종 확인될 수 있다는 것을 의미한다.[5] 구약 성경뿐만 아니라 신약 성경과 초대교회 교인들은 자신들이 하나님의 역사하심을 체험했다는 내용을 간증함으로써 그것을 표현하려고 했다. 그러한 내용을 통하여 그들은 다른 사람들이 하나님의 역사하심을 깨닫는 것을 도울 수 있었고 이같이 도움을 주는 과정에서 자기 자신의 믿음을 더욱 돈독히 할 수 있었다.

인식 모델에서 목회상담자는 내담자로 하여금 하나님의 역사가 성경에서 전개되는 것처럼 자신의 삶 속에서도 전개된다는 사실을 깨닫도록 도와주어야 한다. 또한 상담자는 내담자로 하여금 하나님의 역사하심이 내담자 자신의 삶의 문제와 일치하도록 도와주어야 하는 것이다.

성령의 역사는 예수 그리스도를 믿는 내담자나 교인들의 마음 속에서 이루어진다. 그러나 이러한 역사는 하나님의 역사와 성령의 조정하심을 저해하는 마음속의 세력에 의하여 종종 장애를 받기도 한다. 실제로 사람들의 삶 속에는 성령의 조정을 끊임없이 저해하고 성장을 방해하는 음모를 띤 유혹들이 존재해 있다. 특히 젊었을 때, 성령과의 빈약한 관계로 인해서 삶의 성격이 왜곡되어 고착화된 사람은 나이가 들어감에 따라 좌절감이 더욱 더 커지게 된다. 이러한 좌절감은 성령의 역사가 없는 한 계속해서 그들의 풍요로운 삶을 가로막을 것이다.

성령의 역사가 사람들의 감정적인 삶 깊이 작용하는 것과 마찬가지로 하나님의 역사하심은 사람들의 삶 깊이 감화를 주는 것이다.

사람들이 성장을 저해하는 삶의 요소들을 인식하고 그것을 제거해 버리는 하나님의 역사하심을 깨닫도록 하는 것은 목회상담자가 해야 할 일이다. 요약하면 목회상담자는 내담자인 교인들의 삶의 정황 속에 나타나는 성령의 역사에 일치하도록 도와야 하는 것이다. 치유와 온전함은 그러한 조정에서 기인하는 것이기 때문이다.

2. 목회상담과 기도의 상관성

목회상담에서는 그리스도인의 믿음을 성장시키는 신앙적이고 신학적인 모든 요소들을 활용해야 한다. 기도와 함께 신학적인 반응은 상담 과정에서 여러 가지 형태로 사용될 수 있는 중요한 요소이다. 필자의 기도와 신학적인 반응의 대부분은 실제 상담을 하는 시간과 상담 관계 이외에서 떠오를 때가 많이 있었다. 필자는 자신의 헌신적인 생활을 통해 내담자의 마음이 변화될 수 있도록 기도를 드린다. 또한 상담 관계는 성령의 역사와 신학적인 특성에 대한 많은 통찰을 할 수 있게 한다. 그러나 필자는 상담에서 내담자에게 가르치는 교실이 되는 것을 지양하고 기도와 신앙적이고, 신학적인 통찰의 공유가 심리 치료의 과정에서 중요하다는 사실을 인식하고 있어야 한다고 생각한다.

그렇지만 상담을 할 때 부적절하게 사용되는 기도와 신학적인 요소들이 실제로 상담 과정을 빗나가게 하는 경우들도 적지 않다. 이것은 성령의 인도와 목회상담이 서로 분리되어 있어서 서로 다른 기술, 지식과 훈련이 요구되기 때문에 그런 것이라고 본다. 따라서 이러한 두 가지를 모두 보호하는 측면에서 적절하게 하나로 수렴될 수 있다.[6] 이것은 목회상담에서 하나의 과제라고 할 수 있다.

성령의 역사하심에 대한 신학과 우리의 삶에 직접적이며, 깊숙하게 관여하시는 하나님의 역사를 믿는 신학은 성령의 역사가 목회상담에 강하게 나타나는데 도움이 된다. 성령의 인도하심 안에 있는 사람은 성령의 체험을 바탕으로 자신의 삶을 인도하시는 성령의 손길을 분명하게 인식하게 될 것이다. 목회상담은 내담자가 과거의 관계에 뿌리 박혀서 그들의 삶에 하나님의 존재와 역사하심을 인식하는데 방해가 되는 감정적이고 개인적인 장애물들을 제거하는 것을 돕는 과정이다. 성령의 인도와 목회상담은 성령께서 역사하시지 않았던 과거와 현재의 관계를 활발히 조정해 주고 사람들의 삶에 상처를 주는 부적절한 성장 장애물들을 제거하고 있다는 인식이 있을 때 비로소 하나로 수렴될 수 있다. 실제로 성령의 인도와 목회상담은 같은 것은 아니지만 목회상담의 인식 모델에서는 그것들이 서로 수렴되고 조화를 이루어야 한다.

또한 신학적인 요소들도 목회상담 관계에서 역시 중요한 자리를 차지하게 될 것이다. 자신이 체험했던 믿음을 고백하게 함으로써 우리는 어떻게 그러한 고백이 상담 관계에서 자연스럽게 문제를 신학적으로 다루는데 도움이 되는가를 직시할 수 있을 것이다. 추상적인 신학은 구체화시켜서 인간의 경험에 대한 이성적인 차원에 도움이 되도록 해석해야 한다. 또한 신학은 감성과 이성을 결합하는 감정적, 경험적, 상호 연관적, 그리고 전체적인 모든 차원에서 도움이 될 것이다.

3. 목회상담과 기도의 단계

기도에 대한 인식 모델을 상담 과정의 종합 목록에 넣어 두는 것은 매우 중요하다. 이러한 과정은 세 가지 단계로 구성되어 있다. 첫 번째 단계에서는 현재의 문제점을 파악하는 것이다. 두 번째 단계에서는 내담자로 하여금 현재의 문제점에 대한 이해력을 높여서 해결책을 모색하는 것을 도와야 한다. 마지막 세 번째 단계에서는 그 해결책을 실행에 옮기는 것이다.

(1) 첫 번째 단계 - 현재의 문제점 파악

첫 번째 단계에서는 내담자가 가지고 있는 현재의 문제점을 파악하는 것이다. 문제점을 파악할 때에는 현재의 문제가 형성 과정에서 어떻게 왜곡되고 장애를 받았는지 살펴보아야 한다. 내담자와 상담을 하면서 목회상담자는 현재의 문제를 둘러싼 상황과 그 사람의 가정, 성(性), 교육 상태, 직업적인 문제들 그리고 그 밖의 다른 일들에 대해서 보다 많은 정보를 요구한다. 또한 상담자는 내담자가 자신의 생활에 대한 내용을 고백할 때 주의해서 경청해야만 한다. 여기서 내담자가 자신의 삶의 정황을 고백하는 이야기를 할 때는 목회상담자에게 있어서 대단히 중요한 문제 인식의 도구가 될 것이다. 즉 내담자가 고백하는 자신의 삶의 내용은 현재의 문제를 해결하는 동기유발 뿐만 아니라 이제껏 자신의 성장을 저해하는 감추어진 장애물을 스스로 들추어내는 것이 될 것이다. 어떤 사람은 신앙적인 갈등으로 인해서 문제가 발생되는 경우도 있을 것이다. 이러한 사람들이 많이 있을지도 모를 일이기 때문에 이러한 내담자들과 접촉할 때 상담자는 가능한 한 많은 이야기를 듣고 인식하는 것이 중요하다. 그러나 만약 현재의 문제가 부적절한 신앙적인 내용이거나 건전하지 못한 신앙적 요소의 일부분에 침식되어 있다면 내담자의 생활에서 그러한 화제들은 그의 성장을 방해하고 목표를 좌절시켰을 것이다. 그 사람의 실제 가능성을 실행하고 충족시켰을 화제는 보이지 않을 것이다.

부부 상담이나 가족 상담을 하는 경우에는 부부간의 현존하는 문제나 가족들 사이의 문제를 파악하기 위해 첫 번째 단계에서는 개인을 상담할 때 했던 방식과 똑같은 형식을 따른다. 그러나 대상이 다르기 때문에 부부 상담이나 가족 상담 이론은 그 대상, 즉 배우자나 가족들을 파악하는 데만 사용되는 것이다. 그렇기 때문에 부부간의 문제나 가족간의 문제는 가족의 영적인 수단과 노력에 따라서 분석되어진다. 또한 부부간이나 가족간의 상호작용에 대한 대화의 분석도 이루어진다.

상담자는 상담 과정의 초기에서 내담자의 느낌에 주의를 기울여야 하는데 특별히 신앙적인 내용에는 각별한 관심을 가져야 한다. 그렇게 하므로써 상담 과정에서 신앙적이고 영적인 대화로 자연스럽고, 용이하게 이끌어 나갈 수 있는 것이다. 게다가 상담자가 그렇게 주의를 기울임으로써 상담 관계에서 시기적으로 적절할 때 내담자와 더불어 기도한다든지 성경을 읽는다든지 하는 신앙적인 요소들이 용이하게 상담에 활용될 수 있다. 뿐만 아니라 성령의 역사 또한 효과적으로 나타날 수 있게 된다.

이와 같이 상담 과정에 있어서 적절한 기초적인 작업이 제대로 이루어졌을 때 기도와 같은 신앙적인 요소들의 활용은 상담 관계를 진행하는데 있어서 더욱 부드러운 방법이 될 수 있다. 이러한 기초 작업에는 개인 문제나 결혼 문제, 그리고 가정 생활에서 발생된 문제 등에 대한 탐색, 성경 공부 또는 기도하는 습관이나 기도의 제목에 대한 내용들이 포함되어 있다.
　첫 단계에서는 현재의 문제점과 그 원인을 파악해야 한다. 개인 문제와 부부간의 문제, 가정 문제의 원인을 알아보아야 할 것이다. 상담자는 상담 과정에 있어서 어느 시점에서나 내담자와 더불어 기도할 수 있지만 만약 이렇게 문제를 파악하는 단계에서 기도를 한다면 상담자는 다음의 절차를 따라야 한다.

- 기도의 중요성을 인식할 것
- 기도를 하겠다고 내담자에게 양해를 구할 것
- 대체적으로 상담을 끝낼 때 기도할 것
- 특별히 상담에서 거론된 문제들을 위해 기도할 것
- 내담자의 삶 깊숙한 곳에서 치유와 건강함을 가져오는 역사를 하고 계시다는 증거에 대한 하나님의 계시를 요구할 것
- 상담의 모든 과정을 인도해 주신 하나님께 감사할 것

또한 이 단계에서 중요한 것은 하나님께서 내담자의 삶에 치유와 건강함을 가져 오기 위해서 어떻게 역사하시는가를 언뜻 살펴보는 것이다. 그러나 이것은 상담에 본격적으로 들어가기 전에는 알지 못할 수도 있다.

(2) 두 번째 단계 - 문제 해결의 모색을 도움

　목회상담 과정의 두 번째 단계는 내담자가 현재의 문제점에 대한 이해력을 높여서 해결책을 모색하는 것을 돕는 단계이다. 이 단계에서 목회상담자는 현 문제에 영향을 끼치는 의미 전달의 장

애나 왜곡에 대해서 내담자가 어느 정도 인식을 얻을 수 있도록 도왔던 첫 번째 단계에서 밝혀진 이야기를 다소 이용할 수 있다.

상담자는 내담자가 하는 이야기를 들으면서 파악한 장애물에 대한 인식을 그대로 내담자에게 되돌려 줌으로써 더 완전하게 문제를 확인할 수 있다. 이러한 인식들은 내담자가 장애와 왜곡으로 인하여 어떻게 성장을 저해당했는지 알 수 있도록 그들에게 반영할 필요가 있는 것이다. 또한 성장을 촉진하기 위한 방법으로 내담자가 그들의 이야기를 상세히 설명하고 교정할 필요성을 인식할 수 있도록 조정을 해 줄 필요가 있다. 이 단계에서는 하나님께서 내담자의 삶과 치유 관계의 어느 시점, 또한 어느 장소에서 역사하시는가에 대해 탐색해 보는 것이 중요하다. 그러한 탐색은 내담자의 정보를 받아들일 때의 이성적인 판단과 내담자를 위한 조정의 기도를 드릴 때의 성령으로부터 오는 것이다. 이성적이고 영적인 근원으로부터 오는 탐색은 내담자가 그들의 성장과 발전에 관련된 것을 살펴볼 수 있게 행해져야 한다. 이 단계에서 탐색의 목표는 내담자가 그들의 삶과 치유 관계에서 역사하시는 하나님과 협조할 수 있도록 하는 것이다.

두 번째 단계의 상담 과정에서 기도를 할 때는 다음과 같은 내용을 포함해야 한다.

- 문제를 더욱 깊게 생각을 할 수 있도록 하는 성령의 인도하심
- 특별한 목표를 설정하도록 하는 성령의 인도하심
- 문제 해결의 장애물을 밝혀내는 성령의 인도하심

이 단계에서 설정되는 목표는 현 문제와 강조되어야 할 필요성

이 있는 이야기의 국면에 대한 것이다. 일단 목표를 설정하게 되면 상담자는 상담 내용의 변화를 주기 위해 구체적인 일들을 할 수 있다.

(3) 세 번째 단계 – 해결책을 실행에 옮김

내담자는 의미를 전달하는 과정에 있어서의 장애와 왜곡을 발견하고 그것을 교정하며 더 상세히 말하고 싶은 욕망을 가진다. 그럴 때 비로소 세 번째 단계에 대한 준비가 된 것이다. 이런 식으로 현재 내담자가 겪고 있는 문제는 내담자 스스로가 밝힌 상담 내용을 통해서 파악될 수 있다. 어떤 시점에서 내담자는 좌절스런 이야기를 변화시키고 싶어한다. 내담자는 현 문제점이나 성장을 저해하는 장애, 그리고 문제를 악화시키는 것을 발견해 왔다. 성장을 저해하는 요소는 개인적인 행동, 태도 그리고 성격을 부적당하고 불완전한 구성이나 혹은 잘못된 구성에 뿌리를 내린다. 그러한 이유로 인하여 사람들은 절망하고 좌절하는 것이다. 잘못된 구성은 개인이나 가족의 치유와 건강함을 위한 목적이 아니기 때문이다. 그러므로 세 번째 단계에서의 변화는 내담자가 오랫동안 사로잡혀 온 삶의 이야기와 삶의 구조로부터 회복될 수 있는 소망이 있다는 것으로 화제를 바꾸는 것을 포함하는 것이다.

잘못된 삶의 구조는 목회상담을 통해 개인 성격에 근본적인 변화를 가져오게 되며 이것은 가족 구조에도 변화를 가져오게 된다. 우리는 기독교의 전통적 관념에 따라 신자들의 삶을 위한 진실된 개인의 인식과 가족의 역할은 그들이 신성한 구상과 전망에 사로잡혀 있을 때에만 발견된다는 것을 믿고 있다. 개인이나 가정의 진실된 치유와 건강함을 위해서는 개인과 가족이 부적당한 구성을 띤 과거에 대한 집착에서 벗어나 성장을 높이며 미래의 자유를 향하게 하는 신성한 구성으로 그들의 삶을 전환시킬 때 이루어지는 것이다.

목회상담 과정의 세 번째 단계에서는 종종 주요한 문제거리로서 저항이 나타난다. 변화를 준다는 것은 어떤 면에서 약간의 불안을 동반하고 체험하게 만든다. 결코 쉬운 문제만은 아닌 것이다. 실제로 변화를 주는 데에는 풍부한 경험과 의지할 만한 목회상담의 관계뿐만 아니라 성령의 인도와 믿음에 대한 이야기를 통한 끊임없는 지지가 필요할 때가 많다. 이 단계에서 상담자가 할 일은 내담자가 성령과 그 믿음이 그들의 삶 속에서 역사하는 일에 협조해야겠다는 필요성을 인식하는데 도움을 주는 것이다.

내담자가 성장을 저해하는 시각으로부터 벗어나도록 돕기 위해서 종종 기도를 할 수도 있다. 어떤 사람은 오랫동안 얽매인 자신의 과거에 대한 이야기를 묵과하고 싶어하지만 이미 그 이야기는 그를 구속하는 사탄과 같은 마력을 가지고 있다. 이러한 시각에서 본다면 내담자가 오랫동안 얽매인 삶의 이야기의 구속으로부터 벗어나도록 돕기 위해서는 성령의 조정을 통해 역사하시는 하나님의 권능과 그에 대한 믿음의 고백이 필요한 것이다.

4. 요해

이 장에서는 목회상담에서의 인식 모델을 소개했다. 고난을 받고 있을 때 언어로 하나님께서 역사하신다는 사도 바울의 시각에서 본 모델을 설명했다. 또한 기도와 상담이 인식 모델에서 하나로 수렴되는 세 가지 단계 즉, 현재의 문제점 파악과 문제 해결을 돕는 단계와 그 해결책을 실행에 옮기는 단계가 제시되었다. 따라서 목회상담에 있어서 이 세 단계를 따라 상담에 임한다면 효과적인 상담의 결실을 얻을 수 있을 것이다.

목회상담에서의 치유와 기도는 필요불급한 것임에 틀림없다. 이런 원리를 기초하여 다음 장에서는 개인 문제로 인한 상담, 부부간의 문제로 인한 상담 그리고 가정 문제로 인한 상담에서의 인식 모델 적용을 다룰 것이다.

제2장

목회상담의 초기 단계

필자가 처음 목회상담을 시작하던 1960년대 후반에는 그 당시에 가장 보편적이고 인기있었던 심리학적인 상담 모델을 따랐다. 필자는 목회상담 센터에서 종사하고 있었는데 찾아오는 사람의 대부분은 지방 교회에 출석하고 있는 사람들이었다. 상담자의 관심사는 내담자의 문제를 본질적으로 이해하고 문제를 종합적인 안목으로 보는 것이다. 그런데 통상 내담자가 상담을 하러 와서 자신의 문제를 드러내 놓을 때 신앙적인 문제는 좀처럼 곧바로 입을 열지는 않았다. 상담자가 전문가로서 어떤 문제라도 수용할 수 있다는 신뢰감을 갖게 될 때, 비로소 문제를 드러내 놓게 되는 경우가 대부분이다.

1970년대 초반, 윌리엄 흄(William E. Hulme)은 자신의 저서 "다가오는 시대의 목회적 돌봄(Pastoral Care Comes of Age)"에서 목회상담은 교회와 매우 밀접한 관계가 있기 때문에 상담 과정에서 신앙적인 관심사에 더 많은 주의를 쏟아야 한다고 강력하게 주장했다.

목회상담에 대한 관심은 1970년대에 급속도로 고조되기 시작한 평신도 사이의 동향이라고 볼 수 있는데 이 당시의 상담자와 심리 치료자들은 목회상담이라기 보다는 단순히 기독교 입장에서 상담을 하기 시작했다. 이런 동향에서 어떤 상담자들은 감정적으로 고통을 당하고 있는 내담자들에게 기도를 하는 노력을 보이기 시작했다. 기도와 상담을 연결시키려는 이러한 노력은 목회상담

센터의 출현에서 확인되었듯이 오늘날 활기를 띠고 있다.
 이 짧은 역사가 1990년대의 목회상담의 무대를 조성해 놓았다고 할 수 있다. 우리는 점차적으로 기독교 신자들이 일반 상담보다 목회상담을 통해 전통적 신앙에 기초해서 자신의 문제를 해결해 보려는 내담자들을 점점 더 많이 만나게 될 것이다. 지방의 몇몇 목회상담 센터에서는 이같은 목회상담이 해결해야 하는 문제들을 안고 찾아 온 기독교 신자들의 상담량이 증가하고 있다는 보고를 들을 수 있다. 이것을 보더라도 목회상담자는 내담자의 관심을 전문적인 상담 모델과 정신 요법의 수단으로 이끌어 낼 뿐만 아니라 신앙적인 요소들을 활용함으로써 기독교인 내담자의 문제와 관심사를 말로 표출시키는 방법을 찾을 필요성이 있는 것이다. 인식 모델은 1990년대의 목회상담에 제시된 이런 문제에 대처하기 위한 하나의 시도였다.
 상담 과정은 세 단계의 과정으로 기술되었는데 첫 단계에서는 현재 내담자가 안고 있는 문제점을 살펴보는 것이다. 두 번째 단계에서는 내담자가 현재 문제에 대한 이해력을 높여서 해결책을 모색하는 것을 돕는 것이다. 마지막으로 세 번째 단계에서는 이러한 해결책을 달성하기 위한 실천 방안을 구상하는 것이다. 일반적으로 정상적인 경우라면 첫 번째에서 세 번째까지의 만남을 이와 같은 단계로 구분할 수 있다. 이 장에서는 첫 단계의 내용과 이 단계에서 기도를 할 때의 유의점에 대해서 다룰 것이다. 여기서는 목회상담 과정의 첫 순서로 개인 문제, 부부간의 문제, 가족 문제의 상담 요법을 다루게 될 것이다.
 개인 문제, 부부간의 문제, 가족 문제를 다루는 분리된 상담 과정에 주의를 기울이는 것은 각각의 초점과 원인이 서로 다르기 때문이다. 예를 들어 개인 문제를 상담할 때 그 초점은 개인과 그에게 치유와 건강함을 되찾아 주기 위해 역사하시는 하나님에게 있다. 부부간의 문제를 상담할 때의 초점은 부부간의 관계와 그 관계 사이에서 역사하시는 하나님에게 있다. 또한 가족 문제를 상담할 때는 대개 가족이 치유의 대상이며 그 초점은 치유와 건강함을 가져오기 위해 역사하시는 하나님에게 관계된 것이다. 개인간의 문제, 부부간의 문제, 가족간의 문제를 상담함에 있어서 이같이 분리된 과정으로 고찰함으로써 목회상담자나 평신도 상담자가 더욱 문제 해결에 구체적이며 가깝게 접근할 수 있을 것이다.

1. 개인 상담의 초기 단계 - 내담자의 문제 탐색

개인상담에서 초기 단계의 목표는 내담자가 처해있는 현 문제를 탐색하는 것이다. 내담자가 처해있는 문제에는 가족 문제, 건강, 성(性), 교육 상태, 언어, 신앙과 종교적인 문제 등이 포함된다. 이 중에서 신앙과 종교적인 문제에 특별히 주의를 기울여야 할 필요가 있다. 즉 내담자가 신앙에서 중요하다고 생각하는 것이 그의 성장과 발전에 어떤 영향을 미쳤는가에 대해서 면밀히 살펴보아야 한다.

필자는 개인 상담 과정의 사례 연구로써 케이트(Kate) 씨의 경우를 들고자 한다. 케이트 씨는 웬만한 약이나 기도에 의해서는 치료를 기대하기 어려울 것같은 췌장염이라는 만성적 고질병에 시달리고 있었다. 그녀는 수년 동안 독실한 기독교 신자로 생활해 왔는데 최근 몇 년 동안에 그녀는 하나님으로부터 멀리 소외당하고 있다는 느낌을 갖고 있었다.

그녀가 기독교 신자가 되어 예수 그리스도에게 헌신하기로 작정했을 때 자신이 받는 고난과 고통은 사라질 것이며 특히, 만성적인 고질병으로부터 벗어날 수 있을 것이라는 생각을 했었다. 그러나 수 차례의 수술을 받고 몇 년이 지났지만 고통은 여전히 남아 있었다.

상담의 초기 단계에서는 케이트 씨의 과거 삶의 이야기를 들으며 그녀에 대해서 분석하려는 노력으로 대부분의 시간을 보냈다. 그녀는 수 차례 입원하여 수술과 약물 치료를 받았다고 상세히 밝혔으며 자신의 신체에 대한 걱정과 고통으로 인하여 상담에 이르게 되었다고 진술했다.

첫 번째 상담이 끝나기 전에, 내담자는 종종 왜 자신이 그런 특정한 때에 상담을 요청하게 되었는지에 대한 이유를 밝힌다. 케이트 씨는 하나님의 인도로 상담 센터를 찾게 되었다고 말하면서 사실은 상담을 하고 싶은 생각이 전혀 없었다고 말했다. 또 그녀는 단지 의학적으로 만성적 고질병을 다루기를 희망했고 자신의 고통과 고난 따위의 감정적인 상태에 별다른 관심을 두지 않았다고 말했다.

자신의 질병과 감정간에 어떠한 연관성이 있는지에 대해서 살펴보는데 있어서 무관심했었는데 교회에서 내적 치유에 대한 강의를 받았을 때 조금씩 관심을 기울이게 되었다. 그러는 동안에 고통스런 감정과 질병 사이에 어떠한 연결 고리가 있을 것이라고 짐작하기 시작했다. 아직은 질병과 감정 사이의 이런 연관성에 대해 이중적인 경향을 띠고 있었다. 그러나 이것은 그녀의 삶에서 점차적으로 탐색할 만한 가치가 있는 귀중한 것이 될 수 있었다. 그녀는 그 연관성이 무엇인지에 대해서 분명히 알지는 못했지만 이것이 하나님께서 역사하시는데 방해가 된다고 생각하고 있었다.

처음 두 세 번에 걸친 상담에서는 상담실을 찾게 된 걱정거리에 대해서 이야기를 했다. 상담에 대한 기대와 반감을 동시에 갖고 있었다. 상담자로서 필자를 선택한 이유 중의 하나는 상담에 관한 여러 번의 연구 모임에서 필자를 주목해 왔고 필자가 자신의 아버지와 닮았기 때문이라고 말했다. 비록 상담에 대한 강한 반감을 갖고 있었지만 필자가 그녀의 아버지를 닮은 것이 계기가 되어 상담에 임하게 된 것이었다.

초기의 상담에서는 케이트 씨의 질병과 감정 상태에 대해서 이야기를 하면서 대부분의 시간을 보냈다. 상담실을 찾아왔을 당시 나이는 30세였으며 매우 초췌한 모습이었다. 그녀가 가장 먼저 말했던 것 가운데 하나는 자신은 질병 때문에 지옥에 떨어질 사형수와 같은 기분이 든다는 것이었으며 자신의 신체를 감옥에 비유했다. 신체가 자신을 인질로 잡고 감금하고 있다는 기분이 든다고도 말했다. 췌장(膵臟)염이라는 질병에 무기력한 의사들에 대해서는 극심한 분노를 표했으며 남은 여생이 질병 때문에 두려움에 쌓여 있고 희망이 보이지 않는다고 서글퍼 하면서 병에 걸린 자신의 모습을 증오했다.

케이트 씨는 자신을 축 늘어진 버드나무에 비유했다. 수 년 동안 질병과 싸워 왔는데 이제는 병이 자신을 이겨서 버드나무가 힘없이 축 늘어져 바람에 지배되듯이 자신도 신체의 악력의 변덕에 지배된다고 느끼고 있었다.

케이트 씨는 병 때문에 이루 말할 수 없는 정신적인 고통을 받는다고 말했으며 종종 자신의 불행에 대해서 하나님께 절규한다고 했다. 동시에 하나님에 대해서 강한 불신을 표명했고 자신에게는 깊은 관심을 가지고 계시다는 것을 믿지 않았다.

케이트 씨는 자신의 부모님께서는 열심히 일하시는 분들이며, 자녀들을 잘 돌보시는 좋은 분들이라고 말했다. 그러나 자신이 5살이 되기 전과 그 이후의 시절에는 커다란 차이점이 있었다고 고백했는데 그것은 부모님께서 맞벌이를 하셨기 때문에 자신과 세 명의 아이들이 자라나면서 점점 더 자신에게 관심을 쏟지 못했다는 것을 회상하게 되었다. 자신과 어머니와의 관계는 약간의 다툼으로 서먹한 가운데 있었지만 마음에서 우러나오는 신뢰적인 관계였다고 밝혔다. 어머니에게 화를 낸 것은 아버지가 자신을 심하게 대하는 태도를 그냥 보고만 계셨기 때문이었다. 자신이 어렸을 때는 아버지의 사랑을 많이 받았지만 커 가면서 점점 더 멀어져서 자신과 아버지와의 관계는 부자연스러운 관계로 변했다고 말했다.

자신과 언니, 오빠들과의 관계에 대해서도 매우 조심스럽게 말을 꺼냈는데 부모님들이 항상 직장에 나가 계셨기 때문에 언니, 오빠들로부터 크고 작은 감정의 상처를 받기 쉬웠다고 고백하였으며 언니, 오빠들은 자신에게 진정한 관심이 없었다고 말했다.

신앙적인 면에서는 규칙적으로 교회를 다녔고 정규적인 과정의 성경 공부반에도 참석했다. 성경, 특히 구약 성경에 대해서는 잘 알고 있는 듯했으며 자신이 처한 상황을 표현할 때 성경의 말씀들을 곧 잘 인용하곤 했다.

케이트 씨는 하나님께서 자신의 기도를 들어주신다는 것을 확신하지는 못했지만 계속해서 기도를 드려 왔다는 것이다. 기도가 상담 과정의 일부분이라고 해도 개의치 않겠다고 말했다. 또한 그는 하나님께서 인도하셔서 상담에 이르게 되었다고 덧붙여 말했으며, 그렇기 때문에 하나님께서 이미 이 상담에 관여하고 계시다고 생각했고 기도는 이러한 점을 상기시키는데 도움이 될 것이라고 말했다.

케이트 씨는 대학을 졸업했고 종교학 전공으로 대학원 1년 과정을 이수했는데 그녀는 매우 총명했다.

필자가 먼저 해야 할 일은 그녀가 왜 상담을 요청했는가를 알아내는 것이었고, 두 번째로 해야 할 일은 현재 그녀가 가지고 있는 문제점과 그를 둘러싼 배경을 분석하는 것이었다. 또한 세 번째로 해야 할 일은 현재의 곤경에 대하여 그녀가 느끼는 감정이 자연스럽게 조화가 될 수 있도록 연관시키는 것이었다. 필자는 케이트 씨가 상한 감정을 표현한 방법에 대해서 이해하려고 노력했으며 그녀가 사용한 은유와 상징에 매우 주의를 기울였다. 또한 필자는 그녀가 자신의 삶에서 역사하시는 하나님을 볼 수 있도록 신앙적인 문제와 주제를 다루며 시간을 보냈다. 종교를 다루었던 근본적인 이유는 상담에서 도출할 수 있는 영적인 자원들의 종류를 확인하기 위해서였다.

기도는 하나님께서 내담자의 삶의 어느 부분에서 역사하시는가를 알아내는 과정이며, 이는 상담 과정에서 임의로 언제든지, 어느 때든지 할 수 있는 것이다. 케이트 씨의 현 문제가 하나님의 인도로 상담에 이르게 되었다는 느낌에 바탕을 두고 있기 때문에 필자는 이것이 심리적이고 치유 요법적인 차원뿐만 아니라 성령의 역사를 포함하는 상담이라는 것을 감지했다. 그러나 당사자에게 점검해보지 않고 이러한 결론을 따르고 싶지는 않았다.

  필자는 케이트 씨가 정말로 상담 과정의 일부분으로서 성령의 역사를 원하고 있는가를 확인하고 싶었다. 그녀는 상담의 대부분이 자신과 하나님과의 관계를 포함하는 것이면 좋겠고 기도를 드리는 것이 그렇게 하는데 도움이 될 것이라고 생각한다고 분명히 말해 두었다. 또한 상담에 포함되는 기도가 어떠한 결과를 가져올 것인가에 대해 두려워하지 않는다고 밝혔다.

  케이트 씨는 상담에서의 기도를 어떻게 생각하는지 필자의 생각을 알고 싶어했다. 그녀는 필자가 기도에 대해서 말한 것 중에 몇 가지 견해를 물어 보았는데 그것이 우리의 관계에 어떠한 영향을 미칠 것인가에 대해서도 의견을 물어 보았다. 일반적으로 필자는 특별히 마음이 끌리지 않는 이상 상담을 하면서 기도를 강요하지는 않는다고 했으며 기도를 하게 된다면 오직 내담자와 의견을 교환한 후에 기도를 드린다고 했다.

  그러므로 케이트 씨가 필자에게 상담을 하면서 기도를 드리는 것에 대해 생각해 볼 기회를 제공한 셈이다. 필자는 이 점에 대해 그녀와 함께 생각해 보는 것이 그녀가 상담에서 기도의 역할뿐만 아니라 전체 상담 과정을 이해하는 데에도 도움이 되리라고 생각했다.

  하나님께서 케이트 씨로 하여금 상담으로 인도하셨다는 그녀의 말에 근거를 두어 필자의 의견을 나누었다. 또한 우리의 관계, 둘 다가 치유와 건강함이라는 목표를 향할 수 있도록 매 순간 순간마다 하나님께서 역사하신다는 것을 인식시켰고 그녀도 또한 하나님께서 치유를 위해 역사 하시고 계시다는 점에 동의를 했다. 그러나 하나님께서 자신의 어느 부분에서 어떻게 역사하고 계신지에 대해서는 확실히 알지 못한다고 덧붙였다. 그녀의 질문에 대해서 필자는 상담을 할 때 하나님께서 어느 부분에서 역사하시는가를 인식하기 위한 노력이 필요하다고 했다. 케이트 씨는 기도에 대한 이러한 생각이 도움이 될 것이라면서 필자와 함께 상담하는 것에 대해 큰 기대를 가지고 있었다.

우리는 짧은 기도를 드린 후 상담을 종료했는데 기도의 내용은 케이트 씨의 삶을 인도하시는 하나님께 대한 감사와 계속해서 상담이 진행될 때 끊임없는 인도를 간구하는 내용이었다.

모든 내담자들이 자신의 신앙적인 문제나 자신이 가지고 있는 모든 관심들을 표명하는 것은 아니다. 목회자나 기독교 상담자와의 상담에서 신앙적인 요소들이 내담자에 의해서 활용되어질 경우는 거의 없고 종종 상담자의 심리학적인 능력에 의해 선택되어지는 것이다. 그러한 경우에 상담자는 내담자가 신앙적 요소들을 활동하는 것에 어떤 견해를 가지고 있는지에 대해서 분석해 보아야 하며 심리학적인 상담 모델을 사용하는 것에 대하여도 어떠한 견해를 가지고 있는가에 대해 살펴보아야 한다.

내담자들 가운데는 상담을 시작하기 전에 기도드리는 것을 꺼려하는 자들도 있다. 그러한 사람들에 대해서 필자는 먼저 내담자에게 기도에 대한 의견을 물어 본 다음 동의할 때 그들과 함께 기도를 드릴 것이라고 말한다. 상담자는 왜 상담에 있어서 기도가 필요한가에 대해서 분명히 알아야 한다. 대개 대두되는 이유 가운데 하나는 상담의 전망에 대한 극도의 불안감이며, 이 불안감을 완화시키고 내담자의 기분을 가라 앉히기 위해서 기도가 필요하지만 기도로써도 그것을 완전하게 없애지 못하는 경우가 있다는 것을 인정할 수밖에 없다. 종종 필자는 그 불안감을 받아들이고 동시에 하나님께서 계속 함께 하시고 상담 관계를 인도해 주실 것을 기도드린다.

기도의 내용은 상담자가 상담을 진행하는 가운데 현재 상담의 정황을 분명하고, 예리하게 파악하고 있을 때 비로소 구체화될 수 있다.

2. 부부 상담의 초기 단계 - 부부관계 탐색

부부간의 문제 상담의 초기 단계에서는 부부간의 관계에 주의를 기울여야 한다. 목회자나 기독교 상담자는 문제가 무엇인가를 분석하기 위해서 애써 내담자에게 주의를 기울여야 한다. 현재 부부간에 발생된 문제는 각각의 배우자들이 필요로 하는 것, 느끼는 것, 관심을 가지는 것과 어떠한 관계가 있는가를 알기 위해서는 각별한 주의가 필요하다. 또한 목회자나 기독교 상담자는 어떻게 그 부부가 상호 작용하고 상대방이 표현하거나 그렇지 않은 요구에 서로 대처하는가에 관심을 가져야 한다. 게다가, 상담자는 그 부부가 그들의 관계와 개인적인 삶에 하나님께서 역사하고 계심을 깨닫도록 도우려고 애써야 한다.

필자에게 상담을 요청해 왔던 남편 랄프(Ralph) 씨와 아내 카렌(Karen) 씨는 그 당시에 갓 결혼한 젊은 신혼 부부였다. 두 사람 모두 부모님이 기독교 신자인 가정에서 성장했고 각각 기독교 신자의 결혼 생활에 대한 이상을 가지고 있었다. 그들은 기독교인끼리의 결혼 생활에서 얻을 수 있는 커다란 희망과 기대에 부풀어 있었다. 그들에게 있어서 기독교인과의 결혼은 예수 그리스도께서 함께 하신다는 증거였으며 그들은 서로의 신앙심을 돈독히 하는데 적극적으로 도와 주셨다. 그들은 모두 자신들의 관계와 결혼을 하나님께서 예비하신 것으로 보았으며 정조를 지키려고 혼전 성 관계를 맺지 않으려고 부단히 노력했다.

그들의 관계가 하나님에 의해 예비된 것이고 정조를 지키며 혼전 성 관계를 갖지 않고 순수히 믿음을 지켰음에도 불구하고 왜 자신들이 이렇게 빨리 결혼 생활에 곤란을 겪어야 하는지 이해할 수가 없었다. 하나님의 말씀을 충실히 따랐기 때문에 성공적인 결혼 생활을 보장받을 수 있을 것이라고 기대했었다. 그런데 이제는 서로에게 환멸을 느끼게 되었으며 지금의 결혼 생활은 각자가 기대했던 것과는 크게 달랐기 때문에 점점 혼란에 빠져 절망적인 상태로 상담을 요청하러 온 것이었다.

상담을 하면서 가장 심각하게 대두된 문제 가운데 하나는 카렌 씨에 대한 랄프 씨의 분노였다. 카렌 씨는 아이를 원하고 있었는데 랄프 씨는 임신을 하면 학교를 졸업하는데 방해가 될 것으로 생각했다. 이러한 랄프 씨의 분노는 카렌 씨가 게으르고 집안을 깨끗이 정리하지 않는다는 등 끊임없는 불평으로 이어졌다. 그는 카렌 씨가 집안 일을 하는데 있어서 자기와 뜻이 맞지 않는다고 불만스러워 했다. 여기서 카렌 씨의 생각은 바로 자신이 상처받은 사람이며 전통적인 여성상에 강요당하기는 싫다면서 저항했던 것이다. 그녀는 단지 랄프 씨가 명령했기 때문에 그대로 복종하고 싶지는 않다고 했으며 자신은 어린아이가 아니라 성인이라고 주장했다.

랄프 씨와 카렌 씨는 둘 다 결혼 생활에 대해서 실망하고 있는 것은 마찬가지였다. 필자는 상담을 통해서 느낀 그들의 성격과 감정에 대해서 그대로 그들에게 전달해 주었다. 자신들의 성격과 또 자신들이 현재 서로에 대해서 느끼고 있는 감정을 필자를 통하여 들었을 때 비로소 그들은 내면에 있는 실제 고민을 밝히기 시작했다. 카렌 씨는 랄프 씨의 분노와 그가 결혼 생활에서의 좌절감을 표현하는 동시에 다소 두려움을 느끼고 있었다.

다른 한편으로, 랄프 씨는 카렌 씨에게 속은 기분이며 인생에서 어떠한 성취감도 맛보지 못할 것만 같다고 말했다. 그는 카렌 씨가 대학교 졸업반이었을 때 그녀를 도와주었었는데 그 때문에 그의 대학 과정을 미처 다 이수하지 못했다. 그는 군복무에 임하고 있었을 때 전자 공학 기술을 배웠는데 학교를 다니면서 아르바이트로 그 기술을 사용하고 싶어했다.

그러나 자신의 꿈이 사라져 버린 느낌이었다고 했다. 그들은 예수 그리스도께서 그들의 결혼 생활에 중심이 되어 주시기를 원했지만 실제로 이러한 문제에 에워싸여서 어떻게 그러한 소망을 이루어야 할지 모르고 있는 상태였다. 랄프 씨는 현재의 고난을 이미 운명적인 것으로 느끼고 있었으며 만약 하나님께서 함께 하신다면 그의 삶 어디에서 하나님이 역사 하고 계시는지를 알고 싶어했다.

그들은 신앙 문제로 인해서 상담을 요청했다는 사실을 상기시키면서 필자는 랄프 씨에게 그가 진실로 원한다면 하나님께서 그를 도와주실 수 있을 것인지, 그렇지 못할 것인지에 대해서 물어보았다. 그는 정말 잘 모르겠다고 대답했다. 필자는 우리 자신이 하나님의 뜻대로 인생의 목표를 결정하고 나가면 하나님께서 문을 활짝 여시고 우리를 받아 주실 것이라고 말했다. 이 말을 듣고 랄프 씨는 전자공학 기술을 활용할 수 있는 직업을 갖기를 희망하며 아르바이트로 학비를 벌어 학교를 졸업하고 싶다고 말했다.

카렌 씨는 자신의 남편인 랄프 씨가 인생의 목표를 성취하는 것이 중요하다고 말했다. 사실, 그녀는 남편이 이런 의사를 표현했을 때 전적으로 긍정하며 지지해 주었다. 그녀는 이것이 그들의 행복에 필수적인 요건이라고 생각하고 있었다.

상담이 막바지에 들어서고 있을 때 필자는 가족 계획에 대한 그들의 이해 관계와 그것이 그들에게 어떠한 영향을 미치고 있는지에 대해서 더 자세히 알아야겠다고 요청했다. 또한 필자는 우리가 함께 협력하기 위해서는 상담의 목표를 설정해야 하며 다음 상담에서 이 점에 대해서 충분히 논의하자고 제안했다. 아울러서 필자는 대부분의 부부들이 결혼한지 1년이 채 안되어서 겪는 일반적인 문제를 그들이 지금 겪고 있는 것이라고 덧붙혀 말했다. 필자가 기도를 드림으로써 상담을 마무리짓자고 제의하자 그들은 좋다고 답변해서 기도드리게 되었다. 필자는 그들의 결혼 생활에 행복을 가져다 주시려고 지켜보시고 역사하시는 하나님에게 감사의 기도를 드렸으며 하나님께서 그들의 결혼 생활에 함께하심을 입증해 달라고 간구했다. 그리고 상담을 할 때 주의를 기울일 필요가 있는 문제들과 관심거리들을 이끌어 낼 수 있도록 도와주시기를 하나님께 기도드렸다.

랄프 씨와 카렌 씨의 기도에서 몇 가지 주의를 기울일만한 관심거리들이 발견되었다. 그 중에서 가장 주목할 만한 것은 그들 모두가 은연 중에 하나님께로부터 버림을 받았다고 생각하는 것이었다. 그들은 혼전의 순수한 행위가 하나님의 계명에 대한 순종이었으므로 하나님께서 결혼 생활의 행복을 보장하실 것이라고 생각하고 있었던 것이다. 결국은 결혼 생활의 성공이 저절로 보장되는 것이 아니라는 것을 알았을 때 그들은 하나님께서 자신들을 버리신 것은 아닌가 하고 은연중에 의심하게 되었다. 그들을 통해 말로 표현되지는 않았지만 강하게 느낄 수 있었던 느낌의 질문에 필자가 해야 할 일은 그들이 실망한 것들을 구체적으로 찾아내는 것이었다.

랄프 씨는 하나님께서 역사하신다는 것에 대해 불분명한 태도를 보이고 있었다. 신학적으로, 그는 예수 그리스도께서 결혼 생활의 중심이 되어야 한다는 것을 알고 있었지만 자신의 경험에 비추어 볼 때 이러한 생각은 아주 희미하게 느껴질 뿐이었다. 필자는 자신의 경험담을 그에게 들려주면서 그가 인생에서 진실로 원하는 것이 무엇인지 깨닫고 그에 따라 모든 것을 결정할 것을 충고했다. 필자는 그가 함정에 빠졌기 때문에 결코 자신의 인생 목표를 달성할 수 없을 것이라고 느끼는 한, 그는 인생을 살아가면서 하나님의 섭리와 역사하심을 직접적으로 경험하지 못할 것이라고 말했다.

랄프 씨에게 인생의 목표를 분명히 정하라고 하는 필자의 격려와 충고는 그가 하나님의 역사하심을 경험하는데 도움이 될 것이라는 생각에서 였으며 이는 랄프 씨에게 자극을 주는데 효과적이었다. 그는 다음 주에 있을 상담을 기대하는 것 같아 보였고 진정으로 하나님의 은혜와 역사하심을 경험하고 싶어하는 것같았다.

카렌 씨도 마찬가지로 그들의 관계에 역사하시는 하나님을 경험하게 될 것이라는 기대로 고무되어 있었다. 그녀는 랄프 씨가 인생의 목표를 추구하고 그가 가족을 부양하는 동안 그녀가 자신의 목표를 방해했다는 비난을 하지 않는다면 안도감을 느낄 수 있을 것이라고 말했다. 그녀는 그가 자신의 기술을 활용할 수 있는 직장을 원하고 아르바이트로 학교를 졸업하고 싶어한다는 것을 듣고 안도의 한숨을 쉬었다. 그러한 인생의 목표가 결혼 생활의 긴장감을 완화시키는데 중요한 역할을 한다고 생각했다. 첫 번째 만남에서 그들의 관계에 하나님께서 함께 하신다는 것이 그다지 명확하게 드러나지는 않았다. 그렇기 때문에 필자는 하나님께 그것을 인식할 수 있는 특별한 기도를 드렸는데 그들의 삶에 역사하심을 증거해 달라고 기도드린 것이다. 즉 필자는 그들의 삶에서 역사하시는 하나님의 일에 적극적으로 협조하겠다는 의지를 기도에 포함시켰다.

대개 필자는 상담의 초기 단계에서 내담자들을 위하여 그들에게 상담의 책임을 지우는 기도를 드린다. 그러한 기도는 그들 부부에게 결혼 생활을 성공으로 이끌기 위해서는 자신들의 노력이 중요하다는 것을 인식시키는데 도움이 된다. 그리고 하나님께서 당연히 그들에게 행복을 보장해 주실 것이라는 엉뚱한 기대를 없애는 데에도 도움이 되는 것이다. 또한 하나님께서 그들의 관계에 함께 하시며, 역사하시는 일에 응답하고 협조하는 것이 중요하다는 것을 그들이 깨닫는 데에도 도움이 된다.

랄프 씨와 카렌 씨와의 기도는 매 단계를 구체화시켰다. 우리는 상담이 이제 막 시작되는 단계에 있다는 것을 상기시켰다. 또한 기도는 상담 내용을 구체화시킨 것이다. 왜냐하면 기도는 초자연적인 능력으로서 자신의 문제를 드러내고 하나님께서 함께 하신다는 좀 더 현실적인 이미지를 깨닫게 하는데 도움이 되기 때문이었다.

3. 가족 상담의 초기 단계 - 전체적인 가족 일원 파악

　가족 상담의 초기 단계에서 우리의 목표는 현 문제의 본질을 탐색하고 평가하는 동안 가족을 전체적으로 대하고 파악하는 것이다. 가족들은 두 세대나 혹은 그 이상의 세대가 함께 또는 떨어져서 살고 있을 수도 있다. 목회상담자나 기독교 가정 상담자가 먼저 해야 할 것은 가족 중에서 가장 영향을 미치는 인물이 누구인가를 파악하는 것이다. 그 인물은 가족들의 친구들 뿐만 아니라 인척이나 아이들일 수도 있다.

　가족 상담에 있어서 초기 단계의 예로서 휄로우(Farlow) 씨 가족의 사례를 들어보겠다. 휄로우 씨 부부는 30대 중반의 사람이었는데 결혼한지 9년이 지난 상태였으며, 7살 된 아이가 하나 있었다. 그들은 결혼 생활이 어느 누구보다도 행복하다고 느끼고 있었으며 서로의 요구를 충족시켜 주면서 점점 더 사랑하며 만족스러워하고 있었다. 크라이스타인 씨는 주부였고 죠지 씨는 크라이스타인 씨의 남편으로서 지방에서 이름난 대기업의 간부였다. 담임목사가 그들이 직면한 문제의 해결을 위해 필자를 찾아가 보라고 조언했다고 말했다.

　그들이 상담실을 찾아오기 6개월 전에 크라이스타인 씨의 남동생, 15살 된 다비드 군이 그들과 한 집에서 함께 머물게 되었다고 한다. 그는 북부의 대도시에서 많은 말썽을 일으켜서 크라이스타인 씨의 부모는 다비드를 지방에 있는 누나의 집에서 함께 생활하기를 원하고 계셨다. 죠지 씨와 크라이스타인 씨 부부는 이 문제에 대해 서로 의견을 나누었고 어머니의 뜻을 따르기로 기꺼이 수용했다.

다비드가 이사를 오고 난 뒤에 이 가정의 모든 상황이 악화되었다. 죠지 씨와 크라이스타인 씨 부부가 다비드를 교육시키는 데는 많은 어려움이 발생된 것이다. 대도시에서 발생했던 교육과 관련된 똑 같은 문제가 지방에 내려와서도 발생하게 된 것이었다. 다비드의 행동은 괴팍했으며 7살 된 그들의 아이의 교육에도 악영향을 미쳤다. 또한 집안 일 가운데 자기가 해야 할 자질구레한 일은 하려고 하지 않았으며, 가족의 모든 계획에 대해서 매우 비협조적이었다. 죠지 씨는 이 문제로 피곤해 했고 그의 인내심이 한계에 도달했으며 다비드와 함께 살 수 없다는 생각을 하고 그가 나가기만을 바라고 있었다. 누나인 크라이스타인 씨도 다비드가 대도시로 되돌아가야 한다는 의견에 동의했다. 그러나 크라이스타인 씨는 어떻게 다비드를 부모님이 계신 대도시로 되돌려 보내야 할 지 난감했다.

크라이스타인 씨는 그녀의 부모가 명목상의 기독교인이라고 말했다. 그러나 자신과 남편은 교회에 아주 열심히 나갔고 다비드를 위해서 할 수 있는 최선의 일을 다하고 싶어했다. 그녀는 동생 다비드와 부모 사이에 문제가 있다는 것을 알고 있었지만 그들의 문제를 자신과 남편에게 떠맡긴 것 같은 기분이 들었다. 그녀는 부모에게 무례하거나 냉정해지고 싶지는 않았다. 그렇기 때문에 그녀와 남편은 어떻게 해야 좋을지 몰랐고 결국, 목회상담실을 찾아가기로 결정하게 되었다. 그들은 최상의 결정을 내리는 데에는 누군가의 조언이 필요하다고 생각을 하게 된 것이었다.

크라이스타인 씨는 부모에 대해서만은 항상 순종적인 딸이었다. 심지어 그녀가 부모와 큰 의견의 차이가 있을 때라도 결코 심각하게 부모와 반항해 본 적이 거의 없었다. 가정의 행복을 위해서라면 비록 자신에게는 중요한 일일지라도 다 양보했으며 부모의 기대에 어긋나는 것이라면 행동을 자제했던 것이다. 그것은 그녀가 부모님과의 마찰을 두려워했기 때문이었다.

그들은 이러한 난관을 헤쳐 나가기 위해서는 하나님의 인도가 필요하다고 생각하고 있었으며 기도가 그들에게 매우 중요하다는 것을 느끼고 있었다. 그들은 이 상담에서 하나님의 보호와 인도를 위해서 기도해 달라고 상담자에게 간곡한 부탁을 했다.

상담자인 필자는 그들의 관계, 자식을 훌륭하게 키우고 교육시킬 수 있는 가정을 갖기를 원하는 그들의 소망을 위해 하나님께 감사의 기도를 드렸다. 또한 이러한 상황을 극복하기 위해 해야 할 일들을 찾아내려고 노력할 때 하나님께서 우리를 인도해 주시기를 간구했으며 하나님의 인도하심이 나타날 때는 기꺼이 그것을 따르겠다면서 충심의 기도를 끝마쳤다.

필자는 가족 구성원 중에 주요한 영향을 미치는 자가 누구인지 두드러지게 나타나지 않았기 때문에 인식의 단계가 아직 끝나지 않았다고 생각했다. 또한 다음 상담을 할 때에는 다비드를 데려오라고 말했고 그들은 그렇게 하겠다고 약속했다. 그래서 다음 상담에서는 다비드는 누나인 크라이스타인 씨와 매형인 죠지 씨와 함께 자리를 하게 되었다. 필자는 다비드가 가정에서 점점 더 악화되어 타이를 수 없을 만큼 문제아가 되어 가고 있음으로 그를 한 번 데려와 달라고 한 것이었다. 그리고 다비드가 우리에게 더 많은 내용의 이야기를 할 수 있도록 격려했다. 그런데 다비드가 하는 말 가운데 필자가 놀란 것이 있었는데 누나인 크라이스타인 씨와 매형 죠지 씨에게도 놀랄만한 사실이었다. 다비드는 지방으로 오고 싶지 않았다면서 말문을 열기 시작했다. 그는 결코 누나 집으로 오고 싶지 않았고, 부모와 함께 있고 싶어했다는 것이다. 부모가 있는 대도시로 되돌아가기 위해서는 누나와 매형의 가정을 곤란하게 만드는 것이 상책이라 생각했다는 것이다.

크라이스타인 씨와 죠지 씨는 비로소 문제가 대도시에 있는 부모에게 있었던 것이라는 것을 알게 되었다. 그들은 문제가 다비드 자신에게 있었던 것이 아니라는 것을 깨닫게 되었다.

가족 상담에서 인식 단계 다음에 해야 할 일은 다비드의 부모를 상담에 참여하게 하는 것이었다. 다비드는 부모가 결혼 생활에서 매우 심각한 문제를 안고 있고 그들이 상담을 하기 위해 시간과 비용를 들여서 올 것인지 안 올 것인지는 잘 모르겠다고 말했다. 아버지가 의사이기 때문에 시간을 내려고 할 것이라고 짐작하여 말했다.

우리는 기도로 상담을 마쳤다. 크라이스타인 씨는 부모가 오셔서 문제를 해결하는데 기도가 힘이 될 것이라고 고백했다. 그녀는 하나님께서 문제가 해결되도록 도와주실 것이라고 믿고 있었다.

기도를 드리면서 필자는 문제의 요지를 명확히 확인할 수 있게 해 주신 점에 대해서 하나님께 감사드렸고 한편으로는 하나님의 역동적인 인도를 부탁드렸다. 또한 필자는 다비드의 부모가 상담에 참여하도록 하는 방법에 대해서 연구를 할 때 하나님께서 끊임없는 지혜를 주시기를 기도했다.

필자가 휄로우 씨 가족과의 인식 단계를 되살펴 보았을 때 그 가족들이 그 문제의 해결책에 대해서 별다른 희망을 갖고 있지 않음을 알게 되었다. 그들이나 나는 모두 상담의 결과가 어떻게 될 것인가에 대해서 확신을 하지 못했다. 단지 우리는 상담 과정

자체에 충실해야 했고 성령의 역사하심에 기대를 해야만 했다.
　기도의 내용에는 크라이스타인 씨가 난감하고도 희망이 보이지 않는 자신의 삶과 감정을 말로 표현하는 것을 도와 달라는 부탁도 포함되었다. 기도를 통해 우리는 가족의 행복을 위하여 하나님에게 이러한 감정을 호소할 수 있었다. 또한 기도는 그러한 감정을 확인하는 데에도 도움이 된다. 기도를 통해서 필자는 그들의 감정을 이해할 수 있었고 그러한 감정이 현실적으로 정상적인 감정이라는 것을 깨닫게 되었다. 그리고 기도는 그 부부가 그들의 특수한 상황에서 하나님의 신성한 도움을 받았다는 것을 느끼게 하는데 도움이 되었다.
　본인이 기도에 대한 의견을 물었을 때 그것은 가족의 일상 생활이기 때문에 전혀 거부감이 없이 기도를 할 수 있었다. 그들은 첫 번째 상담이 진행될 때 기도를 하면서 상담에 대한 기대와 의지를 보여 주었다. 기도의 주제는 상담을 하면서 자연적으로 정해졌기 때문에 필자가 기도의 주제를 설정해 줄 필요는 없었다. 이러한 경우가 항상 있는 것은 아니지만 내담자가 자의식이 강하고 신앙이 어느 정도 있는 기독교인일 가능성이 빈번하게 있는 일이었다.

4. 요 해

　이 장에서는 개인적인 문제, 부부간의 문제 그리고 가정 문제의 목회상담에서 인식 모델의 첫 번째 단계를 간략히 살펴보았다. 목회상담의 세 가지 유형에서 첫 단계에서는 현 문제에 주의를 기울여서 가족의 기원, 건강 문제, 성(性)문제, 교육 문제 등을 포함하여 그 문제들과 관련된 내력을 살펴보아야 한다. 이 단계에서 중점을 둘 일은 내담자와의 친밀감을 쌓는 것과 그들의 감정에 주의하는 것이다. 현 문제와 관련된 신앙적인 주제와 내용, 그리고 이미지에 대한 주의도 세심히 기울여야 할 부분이다.

또한 기도는 목회상담의 심리 치료적인 차원과 성령과의 연결을 촉진시켜 주기 때문에 인식 모델의 초기 단계에 있어서 매우 중요한 것이다. 상담자는 하나님께서 내담자가 복잡하게 얽힌 상황에서 문제점을 명확하게 확인하도록 역사하신다는 점에 대한 인식에 중점을 두어야 한다.

제3장
목회상담의 목표 설정

내담자가 가지고 있는 현재의 문제가 무엇인지 파악이 되면 목회상담에서의 두 번째 단계가 시작된다. 이 단계에서는 상담자가 내담자로 하여금 상담의 목표를 설정하는 것을 도울 뿐만 아니라 문제에 대한 이해력을 높이는 것을 돕게 된다. 이 단계에서 상담자는 내담자의 삶에서 일어나는 감정의 근원을 파악해야만 한다. 게다가 상담자는 자신과 내담자 모두가 문제에 대한 인식력을 날카롭게 할 수 있는 어떤 특별한 상담 기술을 사용할 뿐만 아니라 계속해서 내담자가 필요로 하는 것이 무엇인가에 대해서 주의를 기울여야 한다.

이 장에서는 상담의 두 번째 단계에서의 인식 모델의 역할을 살펴보는데 초점을 맞추었다. 여기서는 케이트 씨와 상담자가 어떻게 현 문제에 대한 인식력을 높였고, 상담의 목표를 설정했으며 또 어떻게 이 상담 과정에서 기도를 드렸는가에 대해서 살펴볼 것이다.

1. 문제에 대한 이해력 – 은유, 주제, 이야기를 통한 감정이입

케이트 씨가 현재 겪고 있는 문제는 하나님께서 만성적 고질병인 췌장(膵臟)염과 심리 상태와의 관계를 살펴보기 위해서 상담실로 인도하셨다는 그녀의 고백과 관련이 있다. 그녀는 어렸을 때 경험했던 고통스러웠던 관계들이 현재의 질병과 밀접한 관계가 있는 것 같다고 말했다. 그녀는 이것을 확신하지는 못했으나 그러한 관계가 실재로 존재하는지 그렇지 않는지를 살펴보고 싶은 기분이 들어서 상담을 하게 되었다는 것이다.

케이트 씨가 겪고 있는 문제의 이해력을 높이기 위한 방법 중의 한 가지는 그녀가 세상을 어떻게 보아 왔으며 또 그것을 어떻게 표현하는가에 주의를 기울이는 것이다. 케이트 씨는 자신의 질병에 대한 감정을 아주 허심탄회하게 고백했다. 또한 자신의 감정을 상대방에게 이해시키는 것을 돕기 위해서 종종 성경 구절을 떠올렸다. 상담자는 세상을 보아왔던 케이트 씨의 관점과 감정을 표현하기 위해 사용한 성경 구절을 통해 중요한 사실을 발견할 수 있었다.

내담자가 자신의 현 문제에 대한 이해력을 높이는 것을 돕는데 있어서 가장 필요한 기술 중의 하나는 감정이입이다. 감정이입에는 상담자가 내담자의 입장에 서서 그가 어떠한 감정을 느끼고 있는가를 이해하는 기술이 포함된다. 또한 감정이입에는 상대방이 느끼고 있는 것을 서로 말로 표현함으로써 그러한 감정들이 함축적인 암시, 이미지와 어떠한 관계가 있는가를 더 잘 이해할 수 있도록 하는 기술도 포함된다. 예를 들어 자신의 질병 때문에 좌절을 느끼고 있다고 말했을 때 상담자인 나는 "궁지에 빠진 기분이겠군요."라고 응답했다. 이에 대하여 그녀는 "예, 제 몸이 감옥처럼 느껴져요."라고 말했는데 여기서 감옥이라는 상징은 그녀가 겪고 있는 상태에 대한 감정을 극단적으로 표현한 용어이다. 이러한 표현은 그녀의 인생에 있어서 상담의 주제를 더욱 확실하게 제시하는 것이며 문제 해결의 실마리를 주는 것이다. 즉 그것은 정신과 육체의 분리를 의미하는 것이기 때문이다.

감정이입으로부터 은유와 상징으로, 그리고 확실한 주제로의 전환은 내담자를 이해하는데 커다란 도움이 되는 것이다. 이같이 내담자의 어려움을 이해하는 과정에서 주제보다 한 단계 더 나아 간 것이 바로 이야기이다.

케이트 씨의 경우에 있어서 자신의 신체가 감옥이라는 은유로 표현했고 이것은 정신과 육체의 분리라는 주제를 제시하게 된 셈 인데 그녀가 처해 있는 상황에 대한 이야기와 관계가 있는 것이 다. 즉 그녀는 지금부터 이 주제와 관련된 이야기를 해 나갈 것이다. 감옥에 갇힌 기분이라는 것은 단지 그녀의 신체에만 관계된 말이 아니다. 자신의 신세를 신체의 탓으로 돌리려는 생각에 사로잡혀 있는 것이다. 그녀는 신체에 사로잡혀 있는 반면에 자신의 성장과 발전을 훨씬 더 가로막는 생각에 대해서는 별 다른 중요성을 느끼지 못하고 있었던 것이다.

케이트 씨는 자신의 감정을 좀 더 사실적으로 드러내는 다른 감정들을 말했는데 자신이 겪는 고통은 매우 비극적이라고 강조 했다. 즉 현재의 곤경을 벗어날 수 있는 어떤 이미지나 가능성을 전혀 기대할 수 없었다는 것이다. 고통스러운 신체 때문에 인생 의 불행을 겪고 있다고 생각했다. 따라서 자신의 성장을 위해 중요한 목표를 달성할 수 있다고 생각하지 않았다. 성장할 수 있는 모든 수단이 막힌 것 같았다고 느끼고 있으며 자신은 결코 완치 될 수 없는 비극적인 사람으로 해석했다. 그녀는 때때로 병과 통 증이 줄어드는 것 같으면서도 얼마간의 시간이 지나면 또 다시 견딜 수 없는 통증이 시작된다고 말했다. 이러한 비극의 연속은 앞으로도 계속될 것이라고 말했다. 고통을 대신 받을 만한 물체나 고통을 빠져나갈 어떠한 돌파구도 보이지 않았다.

케이트 씨가 겪어 온 비극적인 경험의 일부는 하나님에 대한 자신의 감정과 관계가 있다고 밝혔다. 종종 그녀는 자신의 삶에 영향력을 끼치신 하나님께서 자신을 이러한 비극적인 삶에 그대로 머무르도록 내버려 두셨다고 생각했다. 자신의 삶을 변화시킬 만한 어떠한 능력이나 도움도 없이 홀로 남겨진 것 같다고 말했으며, 이같은 비극적인 생각에 사로잡혀서 자신이 버려진 것 같고 다시는 헤어 나오지 못할 수렁에 빠진 것 같은 기분이라고 말했다.

그러므로 하나님께서 이러한 비극적인 함정을 파 놓으셨고, 자신의 성장과 삶을 파괴하고 있다고 생각하며 하나님을 원망하게 되었다는 것이다.

케이트 씨 자신이 하나님에 대해서 강한 피해 의식을 가지고 있었으며 이같이 그녀는 하나님께서 자신을 거부하시기 때문에 함정에 빠졌다고 생각하고 있었다. 따라서 그녀는 자신의 고통을 운명으로 생각하고 있었으며, 하나님의 이러한 각본에 사로잡혀 생활하고 있다고 믿었다. 동시에 그녀는 끊임없는 죄책감을 느끼며, 자신의 곤경에 대해서 하나님을 원망하기도 하고 때로는 자신을 탓하기도 하면서 심한 감정의 동요를 일으키고 있었다.[7] 이같이 악한 생각으로 인하여 케이트 씨는 자신이 지금까지 하나님의 심판을 받고 있다고 생각했다. 따라서 하나님께서 분노하셔서 자신에게 고난을 주신다고 생각하면서 이것에 대해서 나름대로의 해명을 하려고 노력했다.

그녀는 다른 사람들이 걱정이나 관심을 보여 줄 만한 가치가 자신에게는 없다고 말했다. 한편으로 자신에 대한 걱정이 쓸데없는 것이라고 생각하면서도 걱정을 하지 않을 수가 없었기 때문에 괴로워했다. 이러한 양식으로 그녀의 죄책감은 보다 뚜렷해진 것이다.

계속적인 대화를 통해 케이트 씨의 죄책감은 은유적인 표현에서 확실한 주제로 그리고 마침내 이야기로 나타나게 되었다. 여기서 감정은 죄책감을 말하는 것이며 은유는 "제가 죄를 지었어요"라는 말이나 "제가 가치가 없는 존재이기에 이러한 고난이 제게 닥친 거예요." 또는 "하나님께서 저에게 분노하셨어요."라는 말이다.

마지막으로 케이트 씨는 실패자로 태어난 것 같다는 말을 함으로써 자신의 운명은 태어나기 전에 이미 불행하게 정해졌다는 생각을 가지고 있었다. 그 결과로 그녀는 고통으로부터 결코 벗어날 수 없을 것만 같다고 했다.

실패자로 태어났다는 그녀의 감정은 은유, 주제 그리고 이야기로 연속해서 나타났다. 여기서 은유는 "예정된 운명"을 말한다. 주제는 "무슨 소용이 있겠는가?"라는 말이다. 이야기는 아무런 목표없이 그저 고난을 받기로 정해진 삶을 말하는 것이다. 그녀는 끊임없이 "왜 하나님께서는 저에게 고통스런 삶을 주셨을까요?"라는 질문을 했다.

목회상담자나 기독교 상담자가 은유로부터 이야기의 내용을 파악하고 감정을 이끌어내는 것은 중요한 것이다. 종종, 대화를 진행하면서 우리는 상대방의 성장을 저해하는 것이 무엇인지를 발견할 수 있게 된다. 이것이 인식 모델의 두 번째 단계이다. 이야기는 종종 내담자들이 삶을 살아가는 방식을 반영하는 것이다.[8] 우리는 세상을 살아가면서 겪었던 경험들에 근거를 두어 자신의 이야기를 꾸려 가며 이러한 이야기들을 바탕으로 세상에 대한 인식을 넓혀 가는 것이다.

케이트 씨의 이야기는 명백히 비극적인 인생관을 가지고 있다고 할 수 있다.[9] 비극적인 인생관은 그것을 도저히 피할 수 없을 것 같은 구상에 기초를 두고 있는 것이다. 비극적 인생관에는 고난, 고통 그리고 노쇠함에 대한 비관이 대표적인 것이라고 할 수 있다. 이러한 사람들은 행복에의 추구를 포기하고 인생의 현실적 냉정함에 굴복하게 되는 경우가 대부분이다. 이러한 사람들은 세상이 자신에게 제공하는 것은 아무것도 없다고 생각하며 삶의 소망이란 오직 다른 사람에게만 존재한다고 생각하고 있다. 대부분의 사람들은 역경 가운데서 현세가 끝난 후에 내세에 받을 보상으로서 이런 인생의 고난을 참고 견디어 내야 한다고 생각하고 있다.

나는 두 번째 단계에서의 목표가 현 문제에 대한 이해력을 높이는 것이기 때문에 감정을 은유로, 주제로 그리고 마침내 이야기로 나타내는 과정의 예를 들어보았다. 일단 상담자가 현 문제에 대해 더 넓은 안목을 가지게 되면 내담자가 자신의 문제를 명확하게 볼 수 있도록 더 많은 이야기의 부분들을 그들에게 다시 되돌려 줄 수 있게 된다. 이렇게 내담자의 감정을 그들 자신에게 되돌려 주는 송환작용(Feedback)은 감정이입으로부터 시작된다. 종종 상담자는 내담자에게서 들은 이야기나 느낀 감정을 그들에게 되돌려 줄 기회를 가지게 된다.

이러한 과정에서 상담자는 은유, 주제 그리고 이야기 중의 하나를 얻을 수 있을 것이다. 예를 들어 케이트 씨가 "저는 때때로 이런 문제에 부딪치도록 홀로 남겨졌다는 생각이 들어요"라고 말한다면 필자는 "당신은 하나님께로부터 버림을 받았다고 느끼시는 것 같군요"라고 질문에 답할 것이다. 이런 응답은 그녀의 감정을 정신적으로 고양시킬 뿐만 아니라 비극적인 인생관의 주요 수제를 살필 수 있도록 격려하는 것이 될 것이다. 은유에서 주제, 그리고 이야기에로의 감정이입을 통해서 상담자는 내담자가 몇 가지 중요한 연관성을 맺기 시작하는 것을 도울 수 있다. 예를 들어서 케이트 씨가 이 이야기의 유형에 따라서 자신의 인생을 생각했을 때 곧 자신을 부정적인 방향으로 이끄는 삶을 살아왔다는 것을 알게 되었다.

이런 비극적 인생관에서 그녀는 자신의 삶에 일어났던 모든 것을 살펴보기 시작했다. 그리고 더 넓은 안목으로 자신의 인생과 곤경을 잘 이해할 수 있게 되었다. 그녀가 현 문제에 대해 몇 가지 이해를 더하고 나서야 비로소 삶의 소망을 가질 수 있었다. 그러나 자신은 어떻게 그러한 이야기가 나오게 되었는지를 모르고 있었다. 그래서 나타난 상담의 목표는 어떻게 해서 이같은 비극적 인생관을 갖게 되었는지에 대해서 그녀의 생활 양식을 조사해 보는 것이었다.

또 한 가지 목표는 하나님께서는 신자의 삶을 변화시키기 위해서 역사하시고 계시다는 것을 인식하도록 도와주는 것이었다. 물론 그녀는 이러한 영상을 마음 속에 그릴 수는 있었다. 하지만 하나님께서는 그녀의 비극적인 인생관에도 아랑곳하지 않고 역사하신다는 사실을 알지 못했다. 더군다나 삶의 어느 부분에 하나님께서 함께 하시고 역사하시는가에 대해서 확실하게 알고 있지 못하고 있었다.

2. 목표 설정 - 내담자의 목표를 공식화하도록 도움

케이트 씨와의 상담에서 최초의 목표는 어떻게 해서 비극적인 인생관을 가지게 되었는가와 그 비극적인 인생관을 바꾸기 위해 삶의 어느 부분에서 하나님께서 역사하시는가를 살펴보는 것이었다. 내담자가 목표를 공식화하는 것을 돕기 위해서 상담자는 내담자가 떠올리는 신학적인 문제뿐만 아니라 그의 이야기와 심리학적인 문제 사이의 관계를 마음 속으로 그려볼 필요가 있다. 케이트 씨의 경우에 있어서는 비극적 인생관의 심리학적이고 신학적인 본질을 이해하는데 도움이 되었던 송환작용이 그러한 일이라고 할 수 있다.

케이트 씨의 생활에서 비극적 인생관의 밑바탕이 되는 심리학적인 원동력을 깨달음으로써 상담에서의 목표를 좀 더 명확하게 정할 수 있었다. 그녀에게 있어서 비극적 인생관을 더욱 더 확고하게 하는 심리학적인 요소 중의 하나는 삶에 영향을 준 대인관계였다.

우리는 자신의 경험을 통해 지식을 얻음으로써 삶을 지속해 나간다. 우리는 다른 사람의 삶을 이해하기 위해 대화를 형성하는 몇 가지 관점의 범주에 놓게 된다. 그러나 깨어진 대인관계, 다른 사람에 의한 희생, 그리고 불충분한 감정적 지지 등의 요소가 그러한 이야기나 대화에 영향을 미치게 된다. 좌절했던 경험과 깨어진 대인관계는 종종 우리를 부정적인 결과와 비극적인 결말을 가진 이야기나 대화로 이끈다. 부정적인 경험이 우리의 행동을 불행한 구상으로 이끌게 되는 것이다. 잘못된 굴레 안에서 우리는 파괴적인 삶으로 빠져들게 된다. 그 결과로서 우리는 비극적인 생각과 부정적인 이야기에 끊임없이 사로잡히게 된다. 비극적인 생각과 마음은 우리를 좌절시키고 고통스럽게 만드는 끊임없는 근원이 되는 것이다.

케이트 씨는 좌절된 대인관계와 심각해져가는 비극적 인생관 사이의 가능한 연결 고리를 찾기 시작했다. 현재 나타난 문제에 대한 이해력을 높이고 목표를 설정하는 단계에서 부모를 찾아갔다. 그러나 방문 그 자체가 하나의 고통이었다며 침울한 상태가 되어져서 돌아왔던 것이다. 집을 찾아갔을 때 부모는 서로 싸우고 있었는데 아버지는 심한 욕설로써 어머니를 혹독하게 공격하고 있었으며 어머니는 자신을 방어하려 하지 않고 포기 상태였다. 갑자기 케이트 씨는 화가 났고 착잡한 기분이 들었다. 어머니가 결코 자신을 방어하려 하지 않아서 자신이 항상 어머니를 보호해야 한다는 점에 속상해 했다. 그녀는 탄원적으로 "저는 제 어머니가 때로는 자신을 변호했으면 해요"라고 푸념 섞인 투로 말했다. 착잡한 기분이 마음 속 깊이 자리잡는 것을 느꼈고 이것 때문에 집에 가는 것을 두려워했다. 어머니를 두둔하고 나섰기 때문에 자연히 아버지와의 거리감이 생기게 되었다. 다른 한편으로 만약 어머니를 두둔하지 않았다면 어머니의 사랑을 잃었을지도 모른다는 생각을 하고 있었다.

케이트 씨는 이번 방문에 대해 다시 한 번 곰곰이 생각해 보면서 스스로 결론을 내렸다. "제가 어머니를 두둔해도 비난받을 것이고 두둔하지 않더라도 비난받을 거예요"라고 말하면서 자신과 아버지와의 관계가 악화되었다고 말했다. 항상 아버지에게 비난을 받았었는데 이번에 어머니를 두둔하면서부터 점점 더 상태가 악화되었다는 것이다.

케이트 씨는 부모와의 관계에서 그녀의 잘못으로 인하여 비극적 인생관이 시작되었다고 생각하고 있었다. 비극적 인생관은 아버지와 어머니의 끊임없는 갈등, 결손된 가정의 굴레인 그 사이에서 소망 없이 수렁에 빠진 기분으로 인하여 발생되었다고 생각했다. 이 비극적 인생관에서 본다면 지금의 곤경을 빠져나갈 방법은 전혀 없었다. 상징적으로 이것이 자신의 인생을 바라보는 이야기가 되었다. 문제의 악화는 비록 아버지와의 거리가 점점 더 멀어지는 것을 느꼈지만 어머니의 편에 서야만 하는 비극적인 역할을 자신이 마땅히 해야 할 일로 여기고 있었다는 데에 있었다.

이렇게 자신을 좌절시키는 부모간의 싸움은 내부의 갈등을 몰고 왔고 자신의 인간성에 대해 고민하게 만들었다. 그것은 끊임없이 심적 좌절을 느끼게 했고 자기 파괴의 근원이 되었다. 이런 것들이 자신의 비극적 인생관을 갖게 되고 직접적인 원인이 되었다고 생각했다. 내부의 파괴자는 자신에 대한 자아 정체감을 더욱 더 저조하게 만들었으며 또한 그것은 인간으로서 사랑 받지 못하고 가치가 없는 존재라는 생각이 더욱 강하게 들게 만들었다. 그것으로 인하여 그녀는 행복과 성장이라는 내부의 감정을 잃어버리게 되었던 것이다.[10]

그녀가 자신을 진단한 바와 같이 비극적 인생관의 원인은 자신의 삶 내부에 존재하고 있었으며 이것이야말로 자신의 삶을 파괴해 왔다고 느끼게 된 것이다. 그녀는 항상 부모간의 긴장 상태를 느껴 왔으며 10대가 되었을 때 어머니의 편에 서기 시작했는데 이것이 자신을 계속적인 좌절에 빠뜨렸다고 생각했다.

케이트 씨는 자신이 세상을 바라보는 비극적 인생관과 자신과 부모와의 관계 사이의 연관성을 발견했을 때 하나님에 대해 느껴왔던 감정이 변하기 시작했다. 상담의 초기 단계에서 자신이 비극적 인생관을 가지게 된 것은 자신의 삶에 하나님께서 부재(不在)하시기 때문이라며 하나님께서 고통과 곤경에 빠뜨렸다고 생각했다. 그러나 이제 점차적으로 하나님께서 자신의 성장과 발전을 방해하거나 적대시하지 않는다는 점을 깨닫기 시작했다.[11]

자신의 비극적인 인생관이 가족들과의 갈등에서 비롯되었다는 케이트 씨의 발견은 자신의 곤경을 더 잘 이해하는데 도움이 되었다. 이제 어떻게 이같은 비극적인 인생관이 자신의 마음속에 자리잡기 시작했는지에 대해서 말로 표현할 수 있게 되었다. 또한 상담에서의 목표가 자신의 오빠와 언니를 포함한 다른 중요한 사람들과의 깨어진 대인관계에 초점을 둘 필요가 있다는 것을 이해하기 시작한 것이다.

비극적인 인생관을 발견하고 이 문제를 신학적인 입장에서 이해함으로써 상담의 목표를 더욱 명확히 설정할 수 있는 것이다. 케이트 씨는 자신에게 비극적 인생관이 자리를 잡게 된 것은 자신에게 일어나고 있었던 미묘한 심리적인 변화의 결과였다는 것을 이해하기 시작했다. 즉 자신의 삶을 살아오면서 상처를 받기 쉬운 시기에서 택한 몇 가지 잘못된 선택이 비극적인 인생관을 가지게 하는데 결정적인 역할을 했다는 것을 깨닫기 시작했다. 그녀의 선택에서 몇 가지 중요한 신학적 문제들이 드러났다.

케이트 씨는 자신의 인생관을 아버지와 어머니 사이의 깨어진 관계에 국한시키고 있었는데 이 깨어진 관계가 그에게 지대한 영향을 끼쳤으며 그의 인생관의 중심이 되고 있었다. 그렇기 때문에 이러한 잘못된 인생관이 자신의 감정 뿐만 아니라 대인관계를 평가하는 기준이 되었으며, 그녀는 모든 것을 이러한 비극적인 인생관을 통해 보게 되었다.

　케이트 씨가 자신이 깨진 대인관계에 적절하게 대응하지 못했기 때문에 비극적 인생관이 점차적으로 자리를 잡아가기 시작했다는 것을 깨달았을 때 그녀는 하나님께서 그녀를 바로잡아 주시기 위해서 상담에 임하게 하셨다는 것을 느끼기 시작했다. 또한 자신이 성장을 저해하는 편협한 인생관에 집착해 있다는 것을 깨닫기 시작했다. 이제 자신의 삶을 하나님의 섭리하심에 협조할 수 있고 상담에도 도움이 되는 다른 인생관에 새로 순응시키기로 마음을 먹었다. 그 자신은 현실적인 면에서 맹목적으로 심취해 오던 인생관을 포기한 것이었다.

　상담의 두 번째 국면에서 케이트 씨는 자신의 비극적 인생관을 뒷받침하는 성경 구절을 발견해 냈다. 매일 성경 공부를 해 나가던 중, 자신의 비극적인 고난의 본질을 설명하는데 도움이 되는 모세, 여호수아 그리고 갈렙의 이야기를 발견한 것이다. 민수기 13장에서 14장을 보면 모세가 여호와의 명을 받아 사람들을 보내어 약속의 땅, 가나안을 탐지하게 했는데 그들의 임무는 가나안 땅을 탐지하고 돌아와 모세에게 보고하는 것이었다. 그것을 토대로 모세는 하나님께서 이스라엘 민족에게 약속하신 그 땅을 취할 것인가 아닌가를 결정할 수 있었다. 그러나 보고의 내용이 서로 상반되었다. 대다수의 의견은 그 땅이 이상적이고 비옥하며 이스라엘 민족이 거하기에 적당하지만 거대한 장병들이 지키고 있기 때문에 그 땅에는 절대로 들어갈 수 없다는 것이었다. 그에 비해서 이스라엘 사람들은 그들에 비해 메뚜기와 같아서 절대로 그 땅을 취할 수 없다고 보고했다.

그러나 여호수아와 갈렙의 보고는 서로 상반되었다. 그들은 대다수의 사람들이 보고하는 것이 대체로 사실이라고 진술했다. 실제로 거기에는 많은 사람들과 강력한 군대가 있었지만 여호수아와 갈렙은 그것만 보는 것은 대단히 소극적이며, 부정적인 생각이라고 느꼈다. 하나님의 도우심으로 가나안 땅을 능히 취할 수 있다고 믿은 것이었다.

케이트 씨가 이 이야기를 끝마쳤을 때 부정적인 보고를 가져온 사람들과 같이 자신의 인생을 부정적인 시각으로 보면서 살았다고 고백했다. 그녀는 삶을 자신이 경험해 왔던 부정적인 사고방식에 국한시키고 긍정적인 사고방식을 무시함으로써 자신을 더욱 더 좌절하게 만드는 부정적인 구상에 사로잡히게 되었다는 것이다.

케이트 씨는 대다수의 공통된 의견에 따르던 부정적인 구상을 떠올리면서 동시에 그 동안의 자신의 삶에 대해 돌이켜보기 시작했다. 그녀의 삶은 비극적인 시각으로 가득차 있었다. 가족 문제로 얼마나 자신이 괴로워했는가를 알게 되었고 비극적인 인생관을 따름으로써 얼마나 현 문제를 더욱 악화시켜 왔는가에 대해서 깨닫기 시작했다. 그녀는 민수기의 예화와 자신의 고통과 좌절 사이의 연관성을 찾기 시작했다.

케이트 씨가 경험했던 희망은 여호수아와 갈렙과 관련이 있었다. 그들의 삶에 비교해서 자신의 인생이 어떠했는가를 살펴보기 시작했다. 또한 얼마나 자신이 상담에서의 진전을 바라는가를 명확하게 느끼기 시작했다. 상담을 진행하면서 그녀의 목표는 여호수아나 갈렙이 가졌던 하나님에 대한 돈독한 믿음을 가지는 것이었다. 하나님께서 자신의 미래를 주관하고 계시다는 것을 깨닫고 이해할 뿐만 아니라 이스라엘의 자손들이 하나님의 명령대로 약속의 땅으로 이주한 것처럼 하나님의 인도를 따랐어야 했다고 느꼈다. 하나님의 인도는 단계적으로 전개되는 것이다.

케이트 씨는 자신의 성장을 제한하는 잘못된 선택을 했다는 것을 깨닫기 시작했다. 하나님께서 자신을 거부하시지 않는다는 것과 그녀가 성장할 수 있도록 역사해 주시는 하나님의 일에 더 깊은 관심을 보여야 할 필요가 있다는 것을 깨닫기 시작했다. 민수기의 구절에서 낙관적인 인생관을 발견했고 비극이 아닌 희망의 약속에 다다르는 낙관적인 내용에 편승하고 싶어했다. 자신의 삶을 위한 새로운 구상을 떠올린 후 하나님께서 자녀의 삶을 더욱 완벽하게 하기 위해서 의미있는 단계를 설정해 놓으셨다는 것을 깨달았으며, 하나님께서 자신을 위하여 끊임없이 조정하고 계신다는 것을 믿게 되었다.

"이와 같이 성령도 우리 연약함을 도우시나니 우리가 마땅히 빌 바를 알지 못하나 오직 성령이 말할 수 없는 탄식으로 우리를 위하여 친히 간구하시느니라"(롬 8:26)라는 말씀을 곰곰이 생각함으로써 필자는 목회상담자로서 자신의 삶에 하나님께서 역사하신다는 케이트 씨의 새로운 자각을 이해할 수 있게 되었다. 로마서 8장에서는 초대 교회가 세상을 두 개의 나누어진 세계로 보았다는 사실을 강조하고 있다. 즉 이전의 세계는 고통과 고난으로 가득찬 세상이었으며 새로운 세계는 하나님께서 통치하시며 고통과 고난이 사라질 것이라는 것이 그것이다.[12] 새로운 세계는 예수 그리스도에 의해서 시작이 되었으나 완전한 세계는 이 세상의 종말과 함께 오는 것이다. 그렇게 되기까지 사람들은 지금 "두 세계의 사이"에서 갈등을 겪으면서 살고 있는 것이다. 이전의 세계가 아직도 사람들에게 영향을 미치고 있지만 성령이 우리를 온전하게 하기 위해서 조정하고 계신다.

하나님의 성실하심에 대한 케이트 씨의 자각이 기도의 계기가 되었는데 그녀는 자신의 삶에서 어떤 일이 일어나고 있는가에 대해서 기도를 드리고 싶어했다. 그녀는 전보다 더 하나님과 가까워진 것 같다고 말했으며 비극적인 인생관의 원인을 알아냈다는 사실에 기뻐했다.

또한 필자는 상담의 두 번째 국면을 끝내고 가장 어려운 상담의 단계에 돌입할 때가 가까워졌다는 것을 확실히 알았다. 우리는 그녀가 추구하는 목표가 이루어질 다음 국면으로 돌입해야 했다. 이것을 인식하고 필자는 다음과 같은 기도를 드렸다.

"이 상담을 주관하시는 하나님, 감사합니다. 하나님의 인도로 케이트 씨는 매우 의미 있는 통찰을 할 수 있었습니다. 이제 자신이 지금까지 속박되어 있던 비극적 인생관의 본질을 더 잘 이해하게 되었습니다. 또한 자신을 위해서 그리고 자신의 성장과 발전을 위해서 진실로 함께 거하시는 하나님을 볼 수 있게 되었습니다. 이것에 대해서 우리는 진실로 하나님께 감사드립니다.

우리가 상담의 마지막 국면에서 케이트 씨와 특정한 사람과의 대인 관계를 조사하고 그녀가 하나님께서 자신의 미래를 주관하신다는 확신을 가지려고 노력할 때 성령의 도우심을 통해 하나님께서 계속해서 항상 임재하여 주시기를 바랍니다. 여호수아와 갈렙이 그랬던 것처럼 케이트 씨가 고통과 고난의 황무지에서 벗어나 온전한 약속의 땅으로 가려고 노력할 때 하나님께서 항상 보호 인도하여 주시옵소서. 우리가 용기를 가지고 설정된 목표를 성취할 수 있도록 도와주시옵소서. 예수 그리스도의 이름으로 기도 드리옵나이다. 아멘."

필자가 케이트 씨와 함께 기도를 드릴 때, 케이트 씨가 하나님께 진실로 감사를 드리고 하나님을 향하는 믿음이 있음을 느꼈고 비극적 인생관을 잘못된 것이라는 생각을 갖게 된 원인을 발견함으로써 얼마나 그녀가 기뻐하는가를 알게 되었다. 우리가 하나님께 기도드리는 것이 바로 하나님과의 대화이며 문제해결의 역동적인 힘이라고 생각하면서 우리는 더욱 기도하기 시작했다. 케이트 씨는 그 날 상담에 임하면서 하나님께서 함께 하심을 체험했고, 필자 또한 그런 사실을 체험했던 것이다. 우리는 하나님께서 상담에 참여하신다는 것을 자각함으로써 더욱 뜨겁게, 또한 더욱 간절한 기도를 드릴 수 있었다.

3. 요 해

이 장에서는 개인 목회상담에서 인식 모델의 두 번째 국면을 살펴보았다. 이번 상담에서 목회상담자나 기독교 상담자는 내담자가 겪고 있는 고통스런 대인관계와 현 문제 사이에 어떠한 관계가 있는가를 알기 위해서 노력했으며 내담자가 어떠한 경험을 했고 이 세상을 표현하기 위해 사용하는 신앙적인 언어가 무엇인가에 대해서 주의를 기울였다. 목회상담자는 그녀가 겪고 있는 문제에 대한 적절한 은유와 이미지를 살피면서 감정이입을 통하여 현 문제를 더 잘 이해하기 위해 케이트 씨의 세계에 들어가려고 노력했으며 그녀의 말 가운데 은유와 여러 가지 상징들을 살펴봄으로써 그의 문제를 더욱 명확하게 해주고 문제 해결을 위한 중요한 키와 실마리들을 찾아낼 수 있게 되었다. 또한 내담자의 대화를 통해서 다루고 있는 중요한 주제를 살펴봄으로써 내담자의 성장을 저해하던 극적인 이야기를 이끌어 낼 수 있었던 것이다.

일단 내담자가 자신의 문제를 보다 깊고 넓은 시각으로 이해하게 됨으로써 목표가 설정된 것이었다. 목회상담자의 관심은 내담자의 성장을 저해하는 부정적인 사고 방식에 역점을 두어 다루시는 하나님의 역사하심을 인식하는 데 있었다. 설정된 목표에는 내담자를 좌절감에 빠진 채로 행동이나 태도를 취하게 하는 이야기를 통해 그 심리학적인 원인을 분석하는 것은 물론 그녀의 삶에서 부정적인 이야기를 통하여 그에 대한 신학적인 문제를 살펴보는 것도 포함된다. 심리적인 근원과 신학적인 문제를 발견하고 하나님께서 그녀의 삶에 임재하셔서 역사하시고 계시다는 것을 깨달음으로써 그녀는 변화되어 부정적인 태도를 바꿀 수 있었고 미래의 성장을 위한 계기를 만들 수 있었다. 각 단계마다 문제 해결을 위한 특별한 기도를 통해서 내담자는 자신의 삶을 변화시키기 위해 역사하시는 하나님께 협조할 수 있게 되는 것이다.

제4장
결혼상담과 가족상담의 목표 설정

대부분의 개인 상담에서와 마찬가지로 기독교 신자의 결혼 상담이나 가족 상담의 두 번째 단계에서는 내담자를 치유하고 완전하게 하기 위한 전제는 하나님께서 역사하시고 계시다는 것을 이해시켜야 한다. 결혼 상담이나 가정 상담을 진행하면서 내담자로 하여금 문제에 대한 인식의 폭을 넓히고 목표를 설정해야 한다. 아울러서 결혼 상담이나 가족 상담의 두 번째 단계에서는 개인과 상담 관계에 하나님께서 역사하시고 계시다는 것에 대한 인식에 초점이 맞추어야 한다. 이러한 개인적인 관심사가 결혼 상담이나 가족 상담에서 중요한 요소가 될 수도 있지만 주된 초점은 결혼 관계나 가족 관계의 문제를 치유하고 완전하게 하기 위해서 하나님께서 역사하고 계신다는 것을 인식하는데 있다. 좀 더 정확하게 말하자면 결혼 상담에서의 인식의 초점은 결혼 관계가 서로의 성장과 발전을 촉진시킬 수 있도록 하나님께서 역사하시는 일을 가시화하는 것이 포함된다. 마찬가지로 가족 상담에서의 인식의 초점에는 가족 관계가 가족 구성원의 성장과 발전을 촉진시킬 수 있도록 하나님께서 역사하시는 일을 가시화하는 것도 포함된다.

결혼 상담과 가족 상담의 인식 모델의 두 번째 단계에서 목회 상담자나 기독교 상담자의 역할은 결혼한 부부와 가족들이 그들의 문제에 대한 인식력을 높이려고 하나님께서 역사하시고 계시는 일을 가시화하는 것을 돕고 문제를 해결하기 위해서 목표를 설정하는 것이다. 이러한 인식을 통해 상담에 관계한 사람들은 성령이 그 부부나 가족들을 위해서 언제, 어디에서, 어떻게 역사하고 계시는가를 가시화할 수 있다. 또한 그것을 통해 문제를 해결하기 위한 방법을 모색할 수 있다. 이 장에서는 현 문제에 대한 이해력을 높이고 목표를 설정하는데 있어서 인식의 역할을 살펴볼 것이다.

1. 결혼 상담 - 부부의 공감대와 서로의 이해

2장에서 소개된 랄프 씨(Ralph)와 카렌 씨(Karen)는 그들이 현재 직면하고 있는 문제는 비록 연애 기간 동안 기독교 신자로서 금해야 하는 혼전 성 관계를 지켰지만 이것이 꼭 결혼 생활의 성공을 보장하는 것이 아니라는 것이었다. 그들은 혼전의 순결을 지켰기 때문에 자신들에게 찾아오리라고는 전혀 예기치 못했던 심각한 어려움과 갈등을 겪고 있었다. 자신들의 기대가 빗나갔다는 것을 알았을 때 그들은 미몽(迷夢)에서 깨어나게 되었다.

랄프 씨는 대학 과정을 미처 다 이수하지 못했고 카렌 씨는 대학을 졸업하여 대학원 과정을 거의 다 마쳐가는 중이었다. 랄프 씨는 당시 카렌 씨가 임신 중이었기 때문에 가족의 생계를 책임지는 남성의 역할에 충실해야만 한다고 생각했다. 그래서 가장으로서 당분간 자신의 포부를 미루거나 포기해야 한다고 생각했지만 대학을 마칠 기회와 인생의 목표가 영원히 사라져 버리는 것 같다면서 매우 착잡한 기분들을 밝혔다.

카렌 씨는 이러한 랄프 씨의 우울함을 눈치채고 그가 자신의 포부와 목표를 포기하지 않기를 바라고 있었다. 랄프 씨의 곤경에 대한 죄책감을 느끼면서 그녀는 랄프 씨의 인생 목표를 적극적으로 지지했다. 사실인즉, 그녀는 랄프 씨의 불행이 그들의 결혼 생활에 미칠 영향에 대해서 크게 우려를 했다. 그녀는 한편으로 걱정을 했지만 그럴수록 더욱 더 남편을 도우려고 애썼다. 그럼에도 불행하게도 그들의 관계는 더 더욱 악화되어 갈등은 거의 폭발적인 단계에 이르고 있었다. 대부분의 부부들이 결혼 생활을 하는 동안 비슷한 문제를 겪게 되는데 신혼 부부라고 해서 예외는 아니다. 부부들은 자신들의 결혼 문제를 해결하는 관점과 능력이 서로 다르기 때문에 그들 스스로 해결하는 것은 자칫 잘못하면 오히려 위기에 직면하는 것과 같다. 즉 해결하는 과정에서 심각한 부부간의 갈등이 야기되는 위험한 일이 될 수 있지만 지혜롭게 잘 해결될 수 있는 기회가 될 수도 있기 때문이다.

현 문제가 제기되고 명확해진 후에 해야 할 다음 단계는 이 문제를 둘러싸고 있는 상황과 그 원인에 대해서 분석해 보는 것이다. 그렇기 때문에 결혼 상담의 첫 단계에서 할 일들 중의 하나는 각 배우자가 자라 온 가정 환경을 이해하고 이러한 가정 환경이 현 문제와 어떠한 관계가 있는가를 살펴보아야 한다. 상담의 목표는 이러한 가정 환경이 현 문제의 해결에 있어서 어떠한 도움을 주는가 혹은 악영향을 미치는가에 대해 보다 폭 넓게 이해를 하는 것이다.

랄프 씨는 일생을 열심히 살아온 중년 부모의 둘째 아들이었다. 그러나 랄프 씨는 아버지가 자신이 인생의 목표를 추구하고 대학을 다니는데 별로 신경을 써 주시지 않았다고 불만을 토로했다. 그는 자신과 아버지와의 사이에는 별로 따뜻함이 없었으며 아버지는 아이들로부터 사적인 일을 방해받지 않으려고 늘 애쓰셨다고 말했다. 아버지의 끊임없는 부정적인 생각 때문에 랄프 씨는 자신이 집에서 방해만 되고 돈만 낭비한다고 여기게 되었다. 그의 아버지는 대학을 다녀 보지 않았기 때문에 랄프 씨의 인생의 포부에 대해서는 무관심했다. 랄프 씨는 자신이 군에 입대하기 전에 학교에 다니고 있었을 때 아버지께서 조금만 더 관심을 보여 주셨더라면 대학을 마칠 수 있었을 것이라고 생각하고 있기 때문에 그는 아버지에 대한 분노가 쌓여 간 것이다.

랄프 씨는 자신과 어머니와의 관계는 아무런 거리감없이 따뜻했다고 밝혔다. 어머니는 실상의 생활에 다박다식한 영양사였다. 랄프 씨는 이 점을 존경했다.

카렌 씨의 아버지와 어머니는 카렌 씨가 두 살이었을 때 이혼했다. 카렌 씨는 그들을 별거에 이르게 하고 심지어는 이혼의 계기가 되었던 싸움에 대해서 대충 들어서 알고 있다. 어머니께서는 아버지가 다혈질(多血質)의 성격이었고 불의를 저질렀기 때문에 도저히 함께 살 수 없었다고 말하여서 헤어지게 된 것이었다. 후에 그들은 다시 결합해서 카렌 씨가 상담에 임하던 그 때까지 같이 살고 있었다.

카렌 씨는 가족간에 자신의 역할은 매개자였다고 밝혔다. 부모가 이혼했을 때 그녀는 어머니와 함께 살았다. 그 당시에 아버지가 자녀 양육비를 어머니에게 주지 않았었다. 어머니는 카렌으로 하여금 아버지에게 전화를 걸어 양육비를 달라고 조르게 했다. 카렌 씨는 이 때 자신의 감정을 숨겼고 이러한 역할을 숙명적인 것으로 받아들였다. 어머니는 종종 아버지에게 실망을 느끼면서도 아버지와 더 좋은 관계를 갖고 싶어했으며 시간이 흐르면서 그들의 관계가 점차적으로 좋아졌다고 말했다.

 카렌 씨는 상담을 시작한 지 얼마 안 되어서 랄프 씨와 자신의 아버지를 연관지어 생각하기 시작했다. 그녀는 때때로 랄프 씨와 자신과의 거리감이 생긴 원인 가운데 하나는 바로 랄프 씨의 그 성질 때문이라고 생각했다. 자신이 아버지에게서 느꼈던 버림받고 무시당했다는 감정과 비슷한 것을 바로 랄프 씨가 야기시키고 있다고 생각했다. 자신이 버림받고 무시당했다고 느꼈을 때 그녀는 랄프 씨에게서 멀어진 자신을 발견하게 되었다고 했다. 참을성도 없고, 애정도 식어진 랄프 씨는 카렌씨의 이와 같은 행동을 격렬한 말로 비난했다는 것이다.

 이를 분석해 보면 랄프 씨와 카렌 씨가 결혼을 하고 난 후부터 겪어 온 경험들과 관계가 있는 어떤 주기적인 형태가 있었다. 카렌 씨가 멀어지면 랄프 씨는 애정을 보이지 않았는데 카렌 씨의 멀어짐은 그녀가 아버지에게서 느꼈던 분노와 비슷한 깊은 분노심을 그에게 불러 일으켰다. 그의 분노는 카렌 씨의 자존심을 깎아 내리기 위해 맹렬히 비난하는 말로 이어졌다. 다른 한편으로 카렌 씨는 랄프 씨의 성화를 결혼 생활의 포기로서 간주한 것이다. 감정적으로 그녀는 자신의 부모의 이혼과 아버지의 성화 사이에 연관성을 지어보았다. 랄프 씨가 이성을 잃고 화를 낼 때면 그녀는 애정의 상실감과 좌절감을 맛보고 침울해 진다고 했다. 이렇게 안정되지 못한 분위기의 반복되는 악순환으로 인해서 그들은 매우 피곤한 생활을 하고 있는 것이다. 과거의 일로 계속해서 서로를 성가시게 하고 있는 이들 부부 상태를 상담의 두 번째 국면에서 세심하게 주의를 기울일 필요가 있음을 발견하게 되었다. 그들은 각각의 결혼 생활에 대한 서로 다른 반응으로 인하여 결혼 생활의 문제점을 직접적으로 헤쳐 나아가는데 매우 곤란을 겪고 있는 것이었다.

결혼 상담의 확대 과정에서 관심사는 그들 부부가 상처받은 감정과 실망을 어떻게 표현하는가에 초점을 두면서 그들이 서로를 대하는 방법을 가시화하는 것을 돕는 것이다. 그들이 자신들의 행동이나 감정과 가정에서 반영되는 일련의 문제들 사이의 연관성을 보든 못 보든 그것은 그들이 서로를 어떻게 대하는가를 발견하는 것보다 그리 중요한 문제가 아니었다. 그러나 그들의 결혼 생활에서의 상호 행동과 형식 사이의 연관성을 찾음으로써 각 배우자가 문제를 둘러싸고 있는 배경을 더 잘 이해하는 데 도움을 줄 수 있는 잠재력을 가지게 되는 것이다. 그들은 어떻게 자신들의 반응과 응답을 서로 애정을 가지고 따뜻하게 표현할 것인가와 아울러서 어떻게 하면 부부간에 과격하고, 맹렬한 감정의 표현에 대해서 자제할 것인가를 구체적으로 살펴 볼 필요가 있는 것이다. 일단 그들이 서로를 좌절시키는 문제들을 발견하는 것이 상담의 특별한 목표를 설정하기 위한 기초가 마련될 것이다.

현재 그들이 겪고 있는 문제에 대한 이해력을 높이는 데 있어서 또 하나의 중요한 문제는 결혼이 무엇인가에 대한 그들 나름대로의 개념을 드러내서 잘못된 것을 수정해 나가야 한다. 결혼에 대한 정의 자체가 서로 잘못되었을 때 지금의 문제가 더욱 악화될 수도 있다. 따라서 이것은 이들의 행동에 대한 바른 정보를 제공해 주고 잘못된 결혼 생활을 수정하는데 도움이 될 것이다. 또한 필자는 그들의 결혼 이야기에 대한 토의를 진행하기에 앞서 그들이 결혼 생활에 대해 말했던 개인적인 이야기를 살펴보려고 했다.

 가정 문제로부터 비롯된 랄프 씨의 고민은 "운명과 우울"이라는 제목으로 특정지어진 것이었다. 그는 아내가 그에게 응답하기를 기대했었는데 자신의 인생 목표에 대해서 그녀로부터 그가 아버지에게서 받았던 것과 같은 무관심과 부족한 지지를 받고 있었다. 카렌 씨의 임신으로 인해서 자신의 개인적이고 전문적인 인생 목표를 달성하려는 것이 불가능해지자 어떤 일이 일어나리라는 것은 충분히 짐작할만한 것이었다. 자신의 이야기를 말로 표현하면서 랄프 씨는 자신이 자라나면서 보았던 부모의 결혼 생활과 비슷한 결혼 생활을 하고 있음을 느끼게 되었다.

 또한 카렌 씨는 자신의 가정에서 경험했던 삶을 똑같이 살아가고 있다고 말했다. 그녀의 이야기의 주제는 자신이 화를 잘 내던 아버지에게서 경험했던 것과 똑같은 삶을 살아가도록 운명지워졌다는 내용이었다. 그리고는 자신의 아버지와 똑같은 사람과 결혼했다는 두려움을 표했다.

 운명과 우울이라는 이 두 주제는 그들이 결혼하기 전에 그리던 부부에 대해 이야기를 하는데 도움이 되었다. 주된 구혼 기간 중의 이야기는 소위 기독교 개선주의(Christian triumphalism)라고 하는 고지식한 방법을 반영하고 있었다. 기독교 개선주의란 사람들이 예수 그리스도를 마음으로 받아들이면 좌절감이나 고통으로 괴로워할 필요가 없다는 믿음이다. 카렌 씨와 랄프 씨는 그들의 혼전 관계에 대한 동기를 이러한 관점에서 얻은 것이었다. 혼전의 성 관계를 금함으로써 그들은 결혼한 후의 미래가 행복으로 가득차 있을 것이라고 확신하고 있었다. 게다가 잠재 의식으로 그들은 가정을 이루게 되면서 나타날 모든 문제들은 윤리적인 정도를 걷고 또한 그들이 혼전의 성 관계를 금하기만 하면 자동적으로 해결될 것이라고 느끼고 있었던 것이다. 그러나 그들이 결혼식을 올린 후에 그들을 상담에 이르게 한 문제들은 이미 운명 지워진 것으로 생각했다. 구혼 기간 중에 그들이 믿고 따랐던 개선주의 마술적인 신앙 형식은 생각처럼 미래를 보장하지 못했고 그들은 점차로 희망을 잃어버리게 된 것이다. 매우 일찍 나타난 결혼 생활의 좌절감과 결혼의 현실성이 그들의 삶에 위기를 야기시켰던 것이다.

그들은 자신들의 결혼관을 다시 생각해보기 위해 상담을 요청했다. 실제로 랄프 씨와 카렌 씨는 어떤 종류의 이야기가 그들의 결혼관을 반영하는데 효과가 있을지 알아야 할 필요가 있었다. 그들은 예수 그리스도께 중심을 둔 결혼 생활은 철저한 윤리주의자로서 혼전의 성 관계를 금할 때처럼 결혼 의식을 치른 후에도 많은 노력이 필요하다는 것을 깨달을 필요가 있었다.

그들의 결혼 생활에 대한 이야기는 필자가 그들의 좌절감과 환멸을 이해하고 나서부터 더더욱 열기가 고조되었다. 필자는 결혼 생활에서 새로운 다른 도전을 받을 것이며 환멸은 많은 신혼 부부들에게 있어서 대체로 1년 전후에 나타나는 보편적인 현상이라고 단언함으로써 이러한 분위기를 조성해 나갔다. 그들이 자신들의 실망에 대해서 살펴보는 것을 도우면서 얼마간의 시간을 보낸 후에 필자는 그들의 결혼 생활에 대한 자신들의 이야기의 내력에 대해 더 잘 이해하기 위해 결혼 전의 이성 관계에 대해 더 살펴보도록 도왔다.

랄프 씨와 카렌 씨는 청년부의 같은 성경 공부 그룹에 속해 있었다. 이것이 바로 그들이 서로 만나게 된 계기였다. 그룹 구성원들은 서로 교대로 그 성경 연구 그룹을 이끌어 나갔다. 토의 주제 중에 어떤 것은 결혼과 이혼에 대한 것도 있었다. 그룹의 다른 사람들과 마찬가지로 랄프 씨와 카렌 씨는 예수 그리스도께 중심을 둔 혼전의 훌륭한 이성 관계는 결혼 생활의 성공에 큰 기여를 한다고 믿고 있었다. 그들이 이 문제에 대해서 토의를 했을 때 모든 사람들은 이것이 사실일 것이라고 생각하는 것 같았다. 그러므로 이것은 그들의 혼전 이성 관계에 그룹적인 지지와 동의를 보여준 것이었다.

필자는 어떻게 그들이 혼전의 성 관계를 갖지 않겠다는 결심을 지킬 수 있었는가에 대해서 물어보았을 때 그들은 그렇게 하는 데에 많은 노력이 필요했으며 함께 행동할 때 구체적이고 주의깊은 계획을 세웠다고 말했다. 많은 노력에는 결심을 지키고 서로의 의지력을 시험하지 않는 행동 양식을 취하면서 동시에 서로의 필요성과 감정에 민감해지는 방향을 설정하기 위해 서로 대화를 나누는 것이 포함되었다. 필자는 건전한 이성 관계가 그들의 결혼 생활에 필요하다고 여기는 한 그것을 지키는 일이 매우 힘든 일이었으리라고 말했으며 순수한 결혼생활을 유지하려고 노력하는 것에 동의하며 칭찬했다.

랄프 씨와 카렌 씨에게서 보여진 맹목적인 개선주의의 형태는 노소에 구분없이 많은 기독교인 사이에서 찾아볼 수 있다. 그들은 종종 자신들의 믿음이 자동적으로 그들을 고난과 고통으로부터 해방시켜 줄 것이라고 생각했다. 그러한 감정은 예수 그리스도께서 부활하셨기 때문에 자신들이 고난과 고통으로부터 벗어날 것이라고 생각했던 초대 교회에서도 나타나는데 그 당시 교인들은 예수 그리스도의 부활로 인해서 영원히 죽지 않을 것이라고 믿고 있었다.[13] 그러나 바울은 로마서에서 인간은 여전히 죽을 수밖에 없는 제한된 존재라고 주장함으로써 이러한 개선주의의 열광적인 형태에 저항했다. 로마서 8장 26절에서 바울은 예수 그리스도의 통치가 새 시대를 열었지만 구 시대가 여전히 현실로 남아있고 사람들은 여전히 고난을 받을 것이라고 초대 교인들에게 전파했다. 그렇다. 새 시대는 세상의 종말이 다가올 때 비로소 완전하게 될 것이지만 현재의 고난을 받고 있는 중이라도 그들은 하나님의 은혜를 통해 현 세계에서 새 시대의 몇 가지 보상을 받을 수 있을 것이다. 바울의 예언대로라면 성령은 사람들이 고난을 무릅쓰고 자기 자신을 있는 그대로 받아들이는 것을 돕기 위해서 역사하셨다.[14] 바울의 시각은 초대 교인들이 현실의 가능성 뿐만 아니라 제약성까지도 바르게 바라볼 수 있도록 도움으로써 그들에게 희망을 가져오는 것이었다.

랄프 씨와 카렌 씨는 이런 고전을 잘 알고 있었지만 진정한 기독교인이 된다는 것이 무엇을 의미하는가에 대해서는 잘못된 인식을 가지고 있었다. 그들이 결혼 문제에 대해 좀 더 폭 넓은 이해를 하기 위해서는 바울이 가르쳤던 것과 비슷한 신학적인 통찰이 필요하다. 여기에는 기도로 연결되는 그들의 결혼 문제에 대해 좀 더 깊은 신학적인 기초 지식이 필요하다. 기도를 통해 필자는 하나님께서 그들의 문제에 직접 개입하셔서 역사하시기를 요청하게 되었다.

그들은 하나님께서 자신들에게 결혼 생활은 힘이 드는 일이라는 것을 깨우치게 하기 위해 역사하고 계신다고 보았다. 또한 그들은 자신들의 결혼 전의 건전한 이성 관계를 유지하기 위한 노력을 자랑스럽게 생각하고 인생의 목표를 성취하는 데 있어서 그것은 매우 중요한 것이라고 말했다. 그러나 자신들의 결혼 생활도 마찬가지로 하나님의 끊임없는 인도 뿐만 아니라 결혼 전과 똑같은 노력이 필요하다는 것을 깨닫기 시작했다. 동시에 자신들이 직면한 몇 가지 심각한 문제들을 인식하기 시작했고 이러한 문제들에 관해 이미 함께 기도를 드리기 시작했다.

카렌 씨와 랄프 씨가 기도를 드리면서 그들의 심오한 생각과 감정을 공유하는 데에는 별다른 문제가 없는 것 같았다. 부정적인 감정을 표현하려는 그들의 능력은 기도에서 부드러운 감정을 공유하는 똑같은 능력에 의해서 자제되었다.

기도를 드린 후에 우리는 결혼 상담에서 성취 가능한 목표를 설정하기 위해 심사숙고했다. 서로에게 관여하는 그들의 태도에 대한 필자의 판단을 말했다. 필자는 랄프 씨의 격렬하게 비난하는 행동을 카렌 씨의 애정이 식어감에 따른 그의 인식과 관계가 있는 것으로 보았다. 그가 연관성을 깨닫기 시작하자 우리는 어떻게 하면 그가 카렌 씨에 대한 자신의 반응에 더 책임을 질 수 있을 것인가에 대해서 연구했다. 필자는 상담이 이 문제에 관해서 그에게 도움을 줄 수 있을 것이라고 말했다. 또한 필자는 카렌 씨의 퇴각의 형태에 관해 살펴보았고 그것이 랄프 씨에게 버림을 받았다는 감정과 어떠한 관계가 있을 것인가에 대해서도 살펴보았다. 마찬가지로 그녀도 연관성을 깨닫기 시작했고 또 이러한 감정에 대한 자신의 반응에 좀 더 책임을 져야 할 필요가 있다는 것을 깨달았다. 우리는 계속해서 반복되는 비난적인 말투의 공격과 퇴각의 관계를 종식시키기 위해 몇 가지 가능성 있는 방법을 모색했고 일단 실행에 옮겼다. 우리는 서로의 욕구를 충족시키는데 있어서의 좌절감의 정도와 계속적으로 반복되는 비난적인 말투의 발언과 그 발언 속에서의 공격과 퇴각 사이의 관계를 깨달았다.

  필자가 객관적인 안목으로 본 견해를 그들과 공유할 때 서로에 관한 그들의 부정적인 태도를 조정하기 위한 필자의 견해에 관해서도 그들과 공감했다. 나는 한 사람이나 혹은 그들 둘 다가 서로가 표출하는 요구 사항을 예견할 수 있을 때 그 상황에서 그들이 이러한 태도를 극복할 수 있을 것이라고 말했다. 비난하는 말투의 공격과 퇴각으로 인해서는 절대로 그들이 가장 원하고 있던 요구가 충족되지 못했다. 그러므로 목표 중의 하나는 그들이 좌절감의 반복을 타파할 수 있는 방법을 모색하는 것이었다. 또한 필자는 상담을 진행하면서 그들 각각의 실제 요구에 서로가 반응하는 방식을 구체화시킬 것이라고 말했다. 즉 그들에게 상담을 진행하면서 필자가 어떻게 각 배우자의 요구에 주의를 기울이는지 지켜보라고 경고했다.

  서로를 향한 부정적인 태도에 대해 랄프 씨와 카렌 씨는 서로의 차이점을 받아들이는데 곤란을 겪고 있었다. 논쟁의 주요 이유는 그들의 종파적 환경과 그들이 평안을 얻고 선호하는 예배 형태가 서로 다르기 때문이었다. 랄프 씨는 공식적인 예배를 더 좋아하는 반면에 카렌 씨는 약식적이고 자연스러운 예배를 더 좋아했다. 그들은 서로 이 점에 대해 논쟁을 하면서 서로가 좋아하는 예배 형태를 받아들이려 하지 않았고 서로의 의견을 존중하지 않았다. 이러한 논쟁에서 상대방을 강렬하게 비난하는 부정적인 태도로 서로 대치하고 있는 상태였다.

그들은 서로 훌륭한 기독교인의 결혼 생활에 대한 이미지로서 같은 교회에 나가기를 갈망했다. 게다가 아이를 낳기 전에 이 문제가 해결되기를 바랬는데 다행히도 이 점에 있어서는 서로의 의견이 일치했다.

필자는 그들이 결혼이라는 결합을 통해서 서로 간의 차이점을 있는 그대로 인식하고 받아들이는 데 있어서의 문제점을 지적함으로써 그들의 이해력을 높이는 데 도움을 주었다. 심지어 그들의 성질, 경향성 그리고 삶의 형태 사이에 현저한 차이가 있을지라도 성공적인 결혼 생활을 이룰 수 있다고 말했다. 그들이 상담을 진행하면서 세운 또 하나의 목표는 교회 출석에 대한 문제를 해결하기 위한 노력과 자신들의 차이를 인정하고 받아들이기 위한 노력을 하는 것이었다.

기도는 카렌 씨와 랄프 씨의 믿음으로 충만한 결혼 생활에서 대부분을 이루고 있었다. 그들은 이미 자신들의 논쟁의 범주를 벗어나 기도를 드리고 있는 것 같았다. 기도가 자신들의 차이점을 해소하는데 도움이 된다는 것을 깨달았고 기도를 통해서 하나님께서 상담의 과정을 지켜보시고 계신다는 것을 깨달았다. 그들과 함께 한 기도는 마음에 와 닿고 자연스러웠는데 하나님께서 자신들의 삶을 인도하고 계시다는 것을 깨달았을 때는 특히 그랬다. 그들은 자신들의 신앙적 차이점을 풀기 위해서 기도를 드리자고 말했다. 우리는 이미 이것에 대해서 토의를 했고 이 문제를 풀기 위한 목표를 설정하면서 다음과 같은 기도를 드렸다.

"하나님! 우리가 여기 한 자리에 모여 이 부부가 직면하고 있는 문제를 이해할 수 있게 도와주신 하나님의 인도하심에 감사드립니다. 또한 우리가 다음 상담을 위한 일정을 세울 수 있도록 도와주시니 감사드립니다. 우리는 지금 카렌 씨와 랄프 씨가 표현한 신앙적 차이점의 문제에 대해 하나님의 인도를 필요로 합니다. 우리는 이 문제에 대해 느끼는 것이 절박한 일이라는 것을 알게 되었습니다. 또한 우리는 그들이 이 문제를 풀기 위한 해결책을 찾는 데에서 아무런 도움을 받지 못하고 있다고 느끼는 것을 알 수 있었습니다. 하나님께서 이 문제를 해결하기 위해 그들을 돕고 계시다는 것을 그들과 저에게 증거해 주시옵소서. 하나님께서 응답해 주실 줄로 믿습니다. 우리는 이 문제를 해결하는 데 있어서 주님의 인도를 받고자 하오며 어떠한 일이라도 따를 수 있는 믿음을 주옵소서. 그들이 이번 주 동안 서로의 요구에 응답하여 반복되는 좌절감을 떨쳐 버릴 수 있도록 도와 주시옵소서. 우리의 삶을 하나님에게 다 맡기고 의지하기 원하며 예수 그리스도의 이름으로 기도 드리옵나이다. 아멘."

이것은 감사와 간청의 내용을 포함한 단계를 특정짓는 기도이다. 간청의 내용에는 이번 상담에 뒤이을 다음 상담의 초점이 될 문제 해결에 관한 특별한 관심사가 포함되었다. 특별한 관심사 중에 기도는 하나님께서 역사하시는 일에 그들이 협조해야 한다는 의무감 뿐만 아니라 결혼 생활에 역사하시는 하나님의 역할에 대한 현실성을 반영했다. 이러한 강조는 심지어 하나님께서 역사하시고 계신다 하더라도 문제의 해결을 위해서는 그 자신들의 노력이 필요하다는 생각을 더욱 확고하게 만들었다. 그리고 기도를 통해서 하나님께서 자신들이 서로 싸우도록 내버려 두시거나 그를 하나님으로부터 자신들이 버려지지 않았다고 느끼게 되었다.

2. 가족 상담 – 전체의 가족 구성원이 상담의 초점

　가족 상담은 단지 남편과 아내가 아닌 아이를 포함한 전체 가족 구성원이 상담의 초점이 된다는 점에서 결혼 상담과 차이점이 있다. 또한 가족 상담에서는 현 문제에 관여하고 있을 수도 있는 비 가족 구성원도 포함된다. 가족 상담에서 중점을 두어야 할 것은 자신의 주어진 임무를 수행하기 위한 단위로서 가족 구성원이 어떻게 서로 활동을 하고 있느냐를 살펴보는 것이다.
　가족 상담의 두 번째 국면에서 인식 모델은 각각의 가족 구성원에게 치유와 완전함을 주기 위해 하나님께서 어디에서 역사하고 계시는가에 대한 인식을 강조한다. 요점은 전체로서의 가족이 각 가족 구성원의 성장과 발전을 위해 어떻게 작용하고 있는가를 인식하는 것이다.
　가족 상담에서의 인식 모델의 예를 들어보이기 위해 2장에서 소개된 휄로우 씨 가족을 다시 한 번 예로 들겠다.
　독자는 크라이스타인 씨의 15세된 남동생, 다비드가 크라이스타인 씨의 부모에 의해 그녀와 함께 살도록 보내졌다는 것을 상기시킬 수 있을 것이다. 휄로우 씨 가족과 두 번에 걸친 상담이 있었다. 첫 번째 상담에서 죠지 씨와 크라이스타인 씨가 찾아와서 문제를 호소했다. 즉 그것은 다비드가 그들의 가정을 혼란시키는다는 것이었다.
    크라이스타인 씨에게 지금까지 우리가 살펴 본 문제의 정황에 대해 요약해 달라고 부탁했다. 그녀는 기꺼이 그 부탁에 응했다. 자신의 감정을 표현하는 데 있어서 이전처럼 망설이지 않았다.
    부모에게 다비드와 함께 사는 것이 얼마나 힘이 들었는지에 대해서 이야기했다. 또한 지나온 나날 동안 자신의 행동을 돌이켜 보면서 어려웠던 점들을 털어 놓았다. 부모를 실망시키지 않기 위해서 다비드가 오는 것을 기꺼이 받아들였지만 지금 그녀는 다비드가 가정의 평화에 악영향을 미치고 있기 때문에 다시 부모에게로 돌아가야 한다고 말했다.
    다비드는 누나와 함께 살고 싶지 않고 집으로 돌아가고 싶다고 하면서 말문을 열었다. 그는 집으로 돌아가고 싶어했다. 어머니, 마가렛(Margaret) 씨는 자라나는 아이에게 환경이 적절하지 않기 때문에 집으로는 돌아올 수 없다고 하자 필자는 그녀가 말하는 환경이 구체적으로 무엇을 가리키는지 질문했다. 그녀는 자신과 남편이 가정에 부정적인 영향을 미칠 곤란을 겪고 있다고 답변했다.
    필자는 브라운(Philip Brown) 씨에게 부인이 한 말에 대해서 어떻게 생각하느냐고 물었다. 그는 자신과 그녀의 결혼 생활에 심각한 문제를 안고 있다는 점에 동의를 표했다. 또한 그는 아들이 집으로 돌아오는 것에 대해서 어떻게 생각하고 있는가를 알게 되어서 기쁘다고 말했다. 사실 아들을 떠나 보내는 것에 찬성하지 않았었다고 했으나 떠나 보내는 것이 아들과 부인이 모두 바라는 것으로 생각하고 있었다고 말했다. 아들이 그것을 바라지 않았다는 것을 알고 나서야 그는 입을 열게 된 것이었다.
　브라운 씨는 자신의 직장 생활에 대해서 이야기를 했고 또 얼마나 자신이 가정에 소홀했는가에 대해서 말을 이었다. 그는 강수철과 그의 형의 양육을 전적으로 부인에게 떠맡겼다고 말했다. 자신의 일에 몰두해 있었기 때문에 가정을 돌볼 겨를이 없었다고 덧붙였으며 가족들에게 좀 더 잘해 주지 못한 것을 후회하는 빛이 역력했다.
　어머니 마가렛 씨는 주의 깊게 그의 말을 듣고 있었으나 크게 동요하는 것 같지는 않아 보였으며 자신의 감정을 매우 깊숙이 숨기고 있는 것 같았다. 이번 상담이 모두가 함께 한 첫번째 자리였기 때문에 필자는 지금까지 주목해 왔던 것을 무리하게 살펴보려고 하지는 않았다. 오직 어머니만이 강다비드 집으로 되돌아와서는 안된다고 되풀이해서 말하고 있었다.
　크라이스타인 씨는 어머니에게 다비드를 앞으로 어떻게 다룰 생각인지 물었다. 어머니는 다비드가 여전히 크라이스타인 씨 부부와 함께 살아야 한다는 말을 강조했다. 크라이스타인 씨는 매우 화가 났지만 곧 냉정해지면서 어머니에게 이것은 선택 사항이 아니라는 것을 지적했다. 어머니는 크라이스타인 씨의 말을 무시해 버렸고 크라이스타인 씨가 결국 자신의 요구를 받아들일 것이라고 생각하는 것 같았다. 브라운 씨는 의자에 깊숙이 앉아 가급적 말을 적게 하면서 상황이 어떻게 전개되고 있는지 관망하는 자세였다. 다비드는 집으로 돌아가고 싶다고 큰 소리쳐 말했고 혼자 힘으로 해야 한다면 혼자서라도 그렇게 할 것이라고 말했다. 그는 친구들도 보고 싶고 자신이 다니던 옛 학교에도 가보고 싶다고 말했다. 이렇게 상담은 별 다른 성과가 없이 끝났다. 브라운 씨와 마가렛 씨는 일주일 후에 그들이 무엇을 해야 하는지 논의하기 위해 상담을 갖자고 말했을 때 모두가 이것을 흔쾌히 받아들였다.

필자는 지금까지 보아 온 그 가족의 내력을 이해하고자 힘쓰면서 대부분의 시간을 보냈다. 필자는 몇 가지 단서를 발견했다고 생각했으나 이러한 것들은 필자가 다음 상담에서 살펴보기로 했던 여운에 불과했다.

여기에서 가장 곤란한 점은 마가렛 씨와 브라운 씨 사이의 관계에 있는 것 같았다. 그들 사이에는 어떠한 애정도 없는 것 같았다. 그러나 필자는 그들의 관계가 이 상담에서 논의하고자 하는 현 문제가 아니기 때문에 이것에 대해서는 상담을 할 수는 없었다. 현 문제는 다비드와 관련된 것이기 때문이었다.

필자는 다비드가 그들의 관계에 대해서 말했던 것에 대해 더 자세히 알 필요가 있다고 생각했다. 그렇게 하기 위해서는 그가 필요했는데 어떻게 시작해야 좋을지 몰랐다. 필자는 다비드와 어머니 사이에는 상당한 관계가 있지만 그와 아버지 사이에는 별다른 관계가 없다는 것을 알았다. 두 번째 상담에서 다비드는 아버지에 대해서 더 잘 알았으면 좋겠다고 말했다. 그의 아버지가 방관적인 자세를 취하는 반면 마가렛 씨는 아이들을 양육하고 그들에 대한 결정을 내리는데 관심이 많았다.

필자는 그 가족의 내력이 중요한 역할을 한다는 것을 깨달았기 때문에 이것을 살펴 보아야겠다고 생각했다. 필자는 그 가족이 현 문제에 대한 이해력을 높이고 그에 따른 목표를 설정하는 것을 돕기 위해서 더 많은 정보를 얻을 필요가 있음을 깨달았다.

세 번째 상담에서 필자는 기도를 드릴 여유를 갖지 못했다. 상담의 분위기가 긴장감의 연속이었기 때문에 기도를 드리는 것이 적절하리라고 생각할만한 기회가 없었다. 크라이스타인 씨는 상담을 끝낸 후에 침울한 표정이었다. 세 번째 상담이 끝난 뒤 4일이 지난 후 네 번째 상담을 가졌는데 이때 필자는 다루게 될 주제를 마음속으로 이미 설정해 놓고 있었다. 그 상담에서 필자의 목표는 그 가족 내부의 변화를 주시하면서 그들이 현 문제에 대한 이해의 폭을 넓히는 것을 돕자는 것이었다.

비록 필자 자신이 상담의 주제를 설정해 놓기는 했었지만 그 가족들도 상담할 때 나누고자 하는 이야기의 주제를 준비해 놓은 상태였다. 그들이 사무실에 들어왔을 때 필자는 지난 번 상담 이후로 그들에게 중요한 변화가 있었음을 직감할 수 있었다. 세 번째 상담에서 크라이스타인 씨가 제일 먼저 사무실의 문을 열었고 그 뒤를 죠지 씨, 다비드, 브라운 씨의 순으로 따라 들어갔다.

네 번째 상담에서는 들어오는 순서도 전과 달랐고 자리에 앉은 형태도 달랐다. 브라운 씨가 제일 먼저 들어왔고 그 뒤를 동생 다비드, 누나 크라이스타인 씨와 매형 죠지 씨가 따라 들어왔다. 마지막으로 어머니 마가렛 씨가 아주 느릿느릿한 걸음으로 들어왔다. 자리의 배열도 전과는 아주 달랐다. 크라이스타인 씨와 죠지 씨는 사무실의 한 쪽 구석에 나란히 앉았고 다비드는 그들 옆에 앉았고 아버지 브라운 씨는 필자의 옆에 앉았으며 그의 부인은 남편으로부터 세 번째의 의자를 건너서 앉았는데 가족으로부터 다소 떨어져 앉은 상태였다. 세 번째 상담에서는 브라운 씨가 가족으로부터 좀 떨어져서 아내와 거리를 두고 있었다. 입장 순서와 좌석 배열의 달라진 모습에서 필자는 가족들 사이에 어떠한 심각한 문제가 있었음을 직감할 수 있었다. 상담을 할 때 가족의 입장 순서와 좌석 배열의 형태를 통해서 종종 조각(Sculpting)이라 불리는 양식을 알 수 있다. 세 번째 상담에서의 조각을 통해 휄로우 씨 가족의 현 문제가 해결되었다고 생각하기에는 아직 이르다는 것을 알 수 있었다. 세 번째 상담에서는 가족 모두가 상담에 적극 참여했다. 그러나 네 번째 상담에서는 브라운 씨 혼자서 상담을 이끌어 나가고 있었다. 이것을 통해 지난 번 상담 이후로 가족에 어떠한 변화가 있었음을 감지할 수 있었다.

자리에 앉은 형태에서 마가렛 씨와 브라운 씨의 사이에 심각한 문제가 있다는 것을 짐작할 수 있었다. 그들이 앉은 형태를 통해 현 문제의 해결책이 그들의 결혼 문제에 얽혀 있다는 것을 확신하게 되었다.

그들이 모두 자리에 앉았을 때 브라운 씨는 가족이 이번 상담을 위해 준비해 두었던 이야기의 주제를 전개하려고 했다. 필자는 항상 내담자들이 원하는 화제를 안건으로 삼고자 하기 때문에 필자가 생각해 두었던 문제는 일단 뒤로 미루어 두었다. 브라운 씨는 그 자신과 가족들에게 현 문제가 생겨났을 때의 상황을 자세히 설명하면서 약 30분 가량 계속해서 설명을 했다. 그는 세 번째 상담이 지난 4일 동안 계속해서 영향을 미쳤으며 마가렛 씨를 제외한 가족 모두가 어느 정도까지 문제 해결책에 동의를 했다고 밝혔다. 브라운 씨는 부인 마가렛 씨가 강력한 반대를 할지라도 다비드를 집으로 데리고 갈 것이라고 말했다.

필자는 브라운 씨에게 어떻게 해서 가족들이 그러한 결정을 내리게 되었는지를 물어 보았다. 그는 자신이 항상 아이들에 대한 결정권을 마가렛 씨에게 맡겨 오면서 가족의 울타리 역할을 해 왔다고 말했다. 이것으로 인해 그는 자신의 의료 센타를 운영할 기회를 얻게 되었지만 동시에 가족으로부터 멀어지는 계기가 되었다. 그는 가족들이 자신이 돈을 벌어오기 바라면서도 그가 가족의 일에 개입하는 것을 원하지 않기 때문에 자신이 종종 그들에게 희생당하고 있다는 기분이 들었다고 밝혔다. 그는 자신과의 한 마디 상의도 없이 맏아들과 아내가 다비드를 그 지역에서 가장 교육비가 많이 드는 학교에 보내려고 공모했던 일에 약간의 분노심을 표했다. 또 그가 이미 등록금을 다 지불한 상태에서 아들이 낙제하여 퇴학을 당했을 때 자신이 정말로 가족들에게 희생당하고, 소외당하고 있다는 기분이 들었으며, 그는 자신이 더 이상 가족의 의사를 결정하는데 참여할 수 없을 것이라는 생각을 했다.

이러한 결정을 내린 후에 그는 상담실에서 이번 상담을 이끌어 가기로 마음을 먹은 것이었다. 또한 브라운 씨는 자신이 아들들에게 아버지로서의 책임을 회피했다는 느낌을 받았다. 그는 다비드와 이야기를 나눠 본 뒤에 더 더욱 이러한 감정을 느꼈다고 밝혔다. 다비드는 아버지를 그리워했고 그의 어머니뿐만 아니라 아버지와도 가까워지고 싶었다고 말했다. 아버지 브라운 씨는 자신이 지금이라도 아버지의 역할을 할 수 있고 이 새로운 기회를 충분히 활용하고 싶다고 말했다.

필자는 마가렛 씨에게 남편 브라운 씨가 말한 것에 대해서 어떻게 생각하는지 물어보았을 때 그녀는 남편이 한 말을 모두 받아들일 수는 없다고 말했다. 그녀는 자신의 결혼 생활에 풀리지 않았던, 아니 영원히 풀리지 않을 수도 있는 어떤 문제가 있다는 점을 시사했다. 그녀는 다비드가 집으로 돌아와서 자신들의 불화의 영향을 받게 하고 싶지는 않다고 말했다. 그렇게 말하면서도 그녀는 딸(크라이스타인 씨)과 사위(죠지 씨)가 다비드를 떠맡으려고 하지 않기 때문에 다비드를 집으로 데리고 갈 수밖에 없다고 말했다. 그녀는 남편이(브라운 씨) 아들 다비드에게 아버지로서 충실해지고 싶다면 더 깊은 관심과 주의가 필요할 것이라고 말했다.

    가족들 사이에 어떠한 변화가 있었음이 명확해졌다. 죠지 씨, 크라이스타인 씨와 다비드는 아버지 브라운 씨의 새로운 결심에 기꺼이 지지를 보냈는데 이러한 지지를 어머니 마가렛 씨는 자식들이 자신에게 불순종하는 것으로 여겼기 때문에 마음이 편하지 못했다. 그녀는 자식들의 지지를 기대할 수 없음에도 불구하고 홀로 새로운 안건을 계속해서 고집하고 있었다.

    상담을 두 번째 단계에서 세 번째 단계로 넘겨야 할 시기였다. 즉 가족들의 현 문제에 대한 인식의 폭이 넓어지고 그들이 성취해야 할 목표도 이미 설정했기 때문이었다. 또한 그들은 문제를 해결하는데 있어서 거쳐야 할 단계도 이미 결정을 한 상태였다. 현 문제를 해결하기 위해서 거쳐야 할 단계로 이제 상담을 세 번째 단계로 넘겨야 했다. 그들은 다비드를 집으로 데려가기로 합의를 보았고 마가렛 씨와 브라운 씨가 결혼 생활의 문제를 상담할 필요가 있다고 의견의 일치를 보았다. 마가렛 씨는 마지못해서 가족들이 합의한 사항에 따르기로 했다.

    네 번째 상담을 끝내는 시점에서 필자는 그들에게 지금까지 상담에 임해 오면서 하나님께서 상담의 매 과정에 역사하시고 계신다는 느낌을 받았는지의 여부를 물어 보았다. 죠지 씨는 그러한 생각은 별로 해 보지 않았으나 기대하지 않았던 어떠한 중요한 일들이 자신과 가족들에게 일어나고 있는 것을 느낄 수 있다고 밝혔다. 마가렛 씨는 그 질문에 흥분한 것 같았다. 반면에 크라이스타인 씨는 자신과 죠지 씨가 기도의 응답을 받았다고 느끼고 있었다. 그녀는 계속해서 하나님께서 문제를 해결하는 데에 도움을 주시기를 기도 드렸다. 그녀는 부모가 상담에 임하기로 결심한 것에 대해 아주 감사하고 있었는데 이것은 하나님께서 자신의 기도에 응답하는 것이라고 믿었다. 또한 그녀는 세 번째 상담이 끝났을 때 어떠한 해결책도 떠오르지 않을 것 같아서 우울했었다고 고백했다. 그러나 세 번째 상담이 끝난 후 일주일 동안 하나님께서 역사하시고 계심을 느낄 수 있었다고 말했다.

크라이스타인 씨는 자신과 죠지 씨가 함께 드렸던 기도에 하나님께서 응답하실 것을 믿는다고 확신했다. 그러나 그녀에게는 하나님께서 들어주시기를 바라는 또 한 가지의 기도가 있었다. 부모를 바라보면서 그녀는 그들이 결혼 생활 문제를 상담하면서 결혼 생활을 재정비하고 하나님께서 그들의 관계에 도우시고 역사하고 계시다는 것을 깨달을 수 있었으면 좋겠다고 말했다. 브라운 씨는 크라이스타인 씨에게 고맙다고 말했는데 진심으로 그녀의 말에 감동을 받은 것 같았다.

필자는 하나님께 대한 감사의 기도를 드리고 가족 전체의 밝은 미래를 호소하는 기도를 드리며 이번 상담을 마치자고 제의했다. 마가렛 씨를 제외한 가족 모두가 동의를 했는데 마가렛 씨는 가족들 중의 몇 명이라도 원한다면 자신은 상담을 계속하고 싶다고 말했다. 이유인즉, 자신이 가족들에게 방해가 되는 존재로 남는 것을 원하지 않기 때문이라는 것이었다. 필자는 이것이 그녀가 현재의 상황에서 느끼는 감정을 표현할 좋은 기회라고 생각했다. 그녀는 사건이 감당할 수 없을 만큼 너무 빨리 진행된 것 같다고 토로했다. 그녀는 모든 것을 재정리할 좀 더 많은 시간이 필요하다고 밝혔는데 그것은 자신과 브라운 씨에게 펼쳐질 미래에 대한 불안감을 느끼는 것 같았다. 그녀는 상담에 계속 임해 오기는 했지만 마지못해서 그렇게 한 것이라고 밝혔다. 필자는 그녀의 미래에 대한 불안을 인정하면서 미래는 항상 변할 수 있는 가능성을 내포한 것이라고 말했다.

눈을 감고 말씀을 드리는 통례적인 기도 대신에 필자는 그들에게 어떠한 가족 구성원들은 기도를 드리면서도 마음이 편하지 못하다는 것을 직접적으로 일깨워 주고 다음과 같이 고백했다.

"이것은 여러분, 모두를 위한 저의 기도이며 소망입니다. 저는 이 상담을 진행하면서 하나님께서 역사하여 주신다는 것을 느낄 수 있었습니다. 비록 어느 정도의 염려를 하긴 했지만 합당하다고 생각되는 결정이 이루어진 것을 보았습니다. 그러나 이러한 변화가 우리 모두를 위한 것이며 하나님께서 우리의 마음속에 거하신다는 증거라고 생각합니다. 다비드는 아버지 브라운 씨와 아들로서의 관계를 회복하고 또 마가렛 씨와 브라운 씨의 부부 관계도 원만히 회복되기를 기원합니다. 또한 죠지 씨와 크라이스타인 씨 부부가 가능한 한 최선의 방법으로 그들의 아이를 키울 수 있기를 바랍니다. 마지막으로 여기 계신 모든 분이 계속해서 하나님께서 자신에게 치유와 온전함을 가져다 주시는 역사를 하고 계시다는 것을 깨닫기를 기원합니다."

비록 이 말이 하나님께서 직접 말씀하신 전통적인 기도 방법은 아니었지만 그것은 그들을 위한 필자의 기도이며 소망이었다. 필자는 가족들이 진심으로 이런 종류의 말에 감사한다는 것을 알게 되었고 이런 말들이 종종 상담을 하면서 나중에 기도를 드릴 수 있는 좀 더 적절한 단계를 설정해 주기도 한다는 것을 알게 되었다. 대체적으로 이러한 말들을 통해 사람들은 감정을 상하지 않으면서 자연스럽게 농간당했다는 느낌을 받지 않을 수 있는 것이다.

3. 요 해

이 장에서는 결혼 상담과 가족 상담에 있어서 인식 모델의 두 번째 단계를 소개했다. 결혼 관계와 가족 관계를 치유하기 위해서 역사하시는 하나님을 인식하는 데에 주안점을 두었다. 목회자나 기독교 상담자가 할 일은 상담에 관계한 내담자들이 현 문제에 대한 인식의 폭을 넓히는 것을 돕고 상담을 하면서 떠오른 안건들에 접근하기 위한 목표를 설정하도록 노력하는 것이었다.

결혼 생활 상담에서 현 문제에 대한 이해력을 높이기 위해서는 각 배우자가 자라난 가정 환경을 조사하면서 현 문제와 가정 환경의 관계를 숙고해 보고 그들이 서로를 대하는 태도와 부정적인 감정을 대하는 태도, 그리고 자신들의 결혼 생활에 대한 그들의 개인적인 이야기를 살펴보고 그 이야기를 성경에 나오는 내용과 연결시켜 보는 작용이 필요하다. 기도를 통해서 그 부부는 이번 상담에 하나님께서 역사하시고 계신다는 것을 느낄 수 있게 되었다. 목회상담자는 내담자들의 가정 환경의 내력, 각 개인의 이야기, 그들이 서로를 대하는 태도 그리고 감정을 표현하는 방법을 살펴 본 후 상담의 목표를 설정한 후에는 그 상담에 대한 구체적인 기도를 드렸다.

가족 상담에 있어서 인식 모델의 두 번째 단계에서는 다세대(多世代)의 가족이 함께 상담실을 찾아와서 각 가족 구성원들이 자신이 가지고 있는 생각을 서로 자유롭게 말해 보는 것이다. 현 문제에 대해서 각각의 가족 구성원들이 어떻게 느끼고 있는가에 초점이 맞춰져 있었다. 가족들이 다세대의 가족 구성원으로서 어떻게 서로를 대하고 있는가와 1세대 부모의 부부 관계를 파악했던 것이다. 또한 현 문제 해결에 밑거름을 제공하는 가족들의 이야기에 주의를 기울였으며 그들의 가정에 항상 하나님께서 섭리하시며 역사하시고 계시다는 기도를 드렸다. 이러한 노력을 통한 목적은 가족들이 현 문제에 대한 인식의 폭을 넓히고 적절한 목표를 설정하는 것을 돕기 위해서였다. 가족 상담의 두 번째 국면은 진지하게 기도를 드리면서 끝났다. 그 가족과의 상담은 죠지 씨와 크라이스타인 씨가 호소했던 현 문제의 해결책을 마련해 주므로써 고귀한 체험을 맛보며 종결되었다.

제5장

개인상담의 실행 단계

케이트 씨와 필자는 현 문제를 해결할 수 있는 명백한 목표를 설정하게 되었다. 상담자의 목표는 그녀가 비극적인 인생관을 가지게 하는 데 영향을 주었던 과거의 관계를 살펴보고 (1) 하나님께서 그녀를 온전한 미래로 인도하기 위하여 역사하시는 일에 협조하는 일이었다. (2) 케이트 씨의 경우에는 상담 과정을 통한 하나님의 역사에 적극 협조함으로써 우리는 목회상담의 세 번째 단계에 접어들 수 있게 되었다.

1. 정신적 지침의 필요성 - 하나님의 능력을 고백

각 개인의 삶을 치유하고 온전하게 하려는 하나님의 역사에 적극적으로 협조하기 위해서는 정신적 지침이 필요하다. 정신적 지도자로서의 역할을 맡고 있는 사람은 다른 사람들이 그들의 삶에 하나님께서 역사하시고 계시다는 것을 인식할 수 있도록 도와 줄 수 있다. 그들의 목표는 사람들이 정신적 지침에 따라 하나님께서 그들의 삶에 역사하시고 계시다는 것을 깨닫고 그 분이 인도하시는 방향에 협조할 수 있도록 돕는 것이다.

목회자와 기독교 상담자가 할 일은 기본적인 정신적 지침을 세워주는 것이 아니라 내담자들이 그들 자신의 성장과 발전을 저해하는 장애물들을 제거할 수 있도록 도와주는 것이다. 그러나 목회상담에 있어서 정신적 지침은 성장을 저해하는 장애물들로 인하여 내담자들이 하나님께서 그들의 삶을 인도하시고 계심을 명백하게 깨닫지 못할 때에만 필요한 것이다.

케이트 씨는 하나님께서 인도하시는 미래를 보장받기 위해서 해결해야 할 여러 가지 문제들을 안고 있었다. 많은 고통스러웠던 경험들이 말로만 표현되어서는 안되며 그녀에게 잠재되어 있는 비극적 인생관이 변화되어야만 했다. 다시 말해서, 케이트 씨는 하나님께서 그녀에게 제시하는 미래를 적극적으로 따르는 동시에 성장을 저해하는 감정적인 장애물들을 제거할 필요가 있었다.

목회상담의 인식 모델에 있어서 세 번째 단계는 내담자들이 이미 두 번째 단계에서 설정한 목표를 명확하게 성취해 나아갈 수 있도록 도와야 한다. 비록 목표가 명확하게 설정되었다고 하더라도 상담을 통해 그것을 성취하는 과정은 동시에 전개되는 여러 갈래의 구성을 지닌 한 편의 드라마와도 같은 것이다. 그 전개되는 구성들 중의 한 가지가 어떤 사람을 위한 하나님의 의도에 따른다고 하더라도 그것에 반해 그의 인생을 자유롭게 하는데 방해가 되는 비극적인 구성도 여전히 존재하는 것이다. 그러므로 과거에 좌절을 맛보았던 경험과 그 좌절감으로 인한 반응들을 주의 깊게 살펴 볼 필요가 있다. 이러한 경험들을 말로써 표출해 냄으로써 설정한 목표를 향해 나아갈 수 있을 뿐만 아니라 방해가 되는 것을 제거할 수 있다. 세 번째 단계에서는 어떻게 목회자나 기독교 상담자들이 내담자로 하여금 목표를 달성하는데 도움을 주는 것과 방해가 되는 것을 가려낼 수 있도록 도울 수 있는가에 대해서 살펴보는 것이다.

케이트 씨의 경우에는 몇 가지 고민스러운 문제들이 첫 번째와 두 번째 상담을 통해서 드러났다. 이러한 문제들은 일단 우리가 상담의 목표와 방향을 설정한 후에 심도있게 다루어야 할 필요가 있었다.

이 장에서는 케이트 씨와의 상담으로부터 어떻게 그러한 문제들이 제기되었고 인식 모델의 세 번째 단계에서 어떻게 진행되었는가를 살펴 볼 것이다.

첫 번째와 두 번째 단계에서 케이트 씨는 포로의 신세와 같은 고통을 경험하고 있다고 고백했다. 그러한 포로의 생활을 하면서 하나님께서 자신의 삶에 역사하시지 않는다고 생각했다. 자신이 고난을 겪는 이유는 하나님께서 부재(不在)하시고, 침묵하시고, 무관심하기 때문이라고 생각할 뿐 아니라 하나님께서 자신을 포기하셨기 때문에 자신에게 화를 내고 계시다고 느꼈다. 자신의 병은 과거에 자신이 저지른 죄에 대한 하나님의 처벌이라고 생각했다. 그러나 케이트 씨는 곧 하나님께서 자신을 포기한 것이 아니며 자신의 삶에 함께 거하신다는 것을 깨닫기 시작했다. 하나님께서 자신이 고난을 받을 때에도 함께 동행하신다는 것을 경험함으로써 치유와 온전함을 바라는 희망이 점점 더해져 갔다. 비록 케이트 씨는 고난을 받을 때에 하나님께서 그녀의 삶을 외면하셨다는 생각이 들었으나 반면에 가장 힘들었을 때에는 하나님께서 그녀를 돌보시고 함께 거하신다는 느낌이 들었었다고 말했다. 고통이 가장 심했던 어느 날 밤에 그녀는 하나님께 자신을 치유하지 않으시려면 차라리 빨리 죽게 해 달라고 간청했다. 필자가 그날 밤을 어떻게 보냈느냐고 묻자 그녀는 고통이 점점 사라지는 것을 느끼면서 다음 날 아침까지 보호하시고 인도하여 주신 하나님의 따뜻한 사랑을 경험했다고 대답했다.

세 번째 단계에서 하나님이 없으시다는 부재(不在)에 대한 문제가 다시 제기되었는데 이 때 필자는 약간 당황하게 되었다. 어떻게 하면 케이트 씨가 첫 번째 단계와 두 번째 단계에서 이미 해결했던 문제를 잊을 수 있을까? 그러나 이전의 단계에서 반복해서 드러났던 문제들은 상담의 다음 단계에서 다시 완전하게 다루어질 필요가 있었다. 그러한 문제들이 다시 드러날 때에는 상담과정의 대화를 통해서 내담자가 그것들을 지금까지 다루어 왔던 과정을 명백하게 알 수 있다.

세 번째 단계의 첫 만남에서는 하나님께서 그녀와 함께 거하신다는 의미와 하나님께서 그녀에게 행하시는 일이 무엇인지에 대해서 살펴보는 것이 중요한 안건이 되었다. 이번 상담은 약을 복용해서도 병이 안 낫고 곧 완치될 것이라는 믿음도 깨어져 버린 케이트 씨의 실망감이 어린 가운데 시작되었다. 즉 우리의 대화는 그녀가 얼마나 실망을 했는지, 그 정도를 살펴보는 것으로 시작되었다. 대화를 진행하면서 케이트 씨가 초기의 상담에서 제기했던 문제보다 더 심각한 문제에 직면하고 있음을 곧 알게 되었다.

상담자: 당신은 약을 복용하는 것도 하나님께 의지하는 것도 모두 건강에 별 다른 효과를 보이지 않아서 실망을 한 것 같군요.

케이트: 예, 사실이예요. 저는 주위 사람들로부터 더 깊은 믿음을 갖고 의사보다도 하나님께 더 의지해야 한다는 말을 들어왔어요. 저는 하나님께서 약을 복용하는 일에도 역사하시고, 의사들을 통해서도 역사하신다고 믿는 것이

바로 더 깊은 믿음으로 이르는 길이라고 생각해요. 그러나 약을 복용해도, 믿음을 가지려 해도, 별 다른 도움이 되지 못하는 것 같아요.
상담자: 어떠한 것도 자신을 도울 수 없다고 느끼는 것 같군요.
케이트: 맞아요, 이러한 생각이 저를 침울하게 해요.
상담자: 만약 하나님께서 약을 복용하는 일에도 당신이 믿음을 가지려는 노력에도 역사하시지 않는다면 당신은 하나님께서 어디에서 활동하고 계신다고 생각하십니까?
케이트: 최근에 저는 이 문제에 관해서 곰곰이 생각해 봤어요. 지금 이 시점에서는 육체적인 치유가 하나님께서 저에게 역사하시려는 분야가 아니라는 결론에 이르게 되었지요. 육체적인 치유가 언젠가는 반드시 이루어지리라고 믿고 있지만 지금 이 시점에서 이것이 가장 중요한 것이라고는 생각하지 않아요.
상담자: 좀 더 자세히 말씀해 주실 수 있습니까?
케이트: 저는 하나님께서 지금 즉시 해야 할 어떠한 사적인 일이 있다고 말씀하실 수도 있다고 생각해요.
상담자: 하나님께서 케이트 씨의 건강이 회복되는 것을 방해할 수 있는 일로 당신을 이끌 수도 있다고 생각하시는군요.
케이트: 예, 그래요.
상담자: 하나님께서 케이트 씨의 인생의 어디에서 역사하신다고 생각하는지 좀 더 말해 주시겠습니까? 특히 감정적인 면에서요?
케이트: 오랫동안 저는 하나님께서 과거에 제가 저질렀던 그릇된 행동들에 대한 댓가를 지불하고 계시다고 생각해왔었지요. 하나님께서는 저에게 그 댓가로 질병과 고통을 주신다고 믿었어요. 지금 저는 하나님께서 제 과거의 일을 들추어내시려고 줄곧 저와 함께 계셔왔다는 것을 알게 되었어요. 즉 다시 한 번 살펴볼 필요가 있는 제가 경험했었던 과거의 일들을 말이지요.
상담자: 케이트 씨, 비약적인 발전을 했다는 생각이 드는군요.

그런데 그 과거라는 것을 구체적으로 말하는데 망설이시는 것 같군요.

케이트: 제 가슴 속에 깊이 묻어 놓은 것이 지금 저에게 다시 되살아나고 있어요. 기억하기조차 싫은 어떤 일을 다시 경험하고 있다는 말이예요.

상담자: 당신에게 고통을 주는 과거의 아픈 기억이 있었군요.

케이트: 예, 맞아요. 저에게는 깊이 파묻어 두는 것이 좋을 것 같은 과거의 기억이 있어요. 그러나 하나님께서 분명한 어떤 이유 때문에 저를 이런 아픈 기억으로 이끄신다는 생각이 들어요. 심지어 제가 이런 기억을 가슴 속 깊이 파묻어 두려고 해도 하나님께서 제가 그 문제를 처리하도록 계속해서 이끄신다는 생각이 들어요.

상담자: 당신은 과거의 기억과 현재의 질병 사이에 어떠한 관계가 있다고 생각하십니까?

케이트: 잘 모르겠어요. 그러나 분명히 하나님께서 어떤 이유 때문에 이러한 기억들을 밖으로 드러내신다고 생각해요.

상담자: 당신이 그 기억들을 다룰 준비가 되어 있다는 말로 들리는군요.

케이트: 예, 그런 것 같아요.

케이트 씨는 실망의 빛을 띠면서 이야기를 시작했다. 그러나 그녀가 이러한 실망을 있는 그대로 받아 들였을 때 그녀의 삶에 역사하시는 하나님에 대한 좀 더 중요한 경험을 하게 되었다.

케이트 씨는 우리의 관계에 대해서 이야기를 하기 시작했고 이 상담이 그녀가 자신의 몸을 자신의 일부분으로서 받아들이는 데에 많은 도움이 되는 것 같았다. 그녀는 필자가 아버지 같다고 말했다. 과거의 고통스러운 관계를 살펴보는데 있어서 필자가 있다는 것이 그녀가 사춘기에 접어들기 전이었을 때의 아버지에 대한 몇 가지 실재적인 기억들을 회상시키는데 도움이 되는 것 같다고 말했다. 그녀는 성적인 문제를 내놓았을 때 필자가 꺼려하지 않은 점에 대해서 고맙게 생각했다. 필자가 함께 있고, 성과 관련된 고통스런 경험들을 받아 주고, 옷을 입는 방식에 관심을 두었던 이 모든 일들은 자신이 온전한 사람이며 자신의 몸을 자신의 일부분으로서 있는 그대로 받아들이는 데에 도움을 주는 것 같다고 했다. 상담을 하기 전에 성과 관련된 문제를 토의하려 하면 다른 사람들은 그것을 악용하거나 거절하기 일쑤였다. 그녀가 과거의 성적인 경험들을 내보였을 때 필자가 진지하게 들어줌으로써 거부해 왔던 자기 자신과 그 신체에 대해 다시 보게 되었다.

또한 케이트 씨는 필자에게 사전에 양해를 구하지 않았는데도 성적인 경험들에 의해 희생된 자신의 이야기를 할 수 있도록 해 준 점에 대해서 깊은 감사를 표했다. 그녀는 자신이 중성이었다면 어느 누구도 결코 다시는 그녀를 넘볼 수 없었을 것이라고 생각하면서 범죄를 저지른 자신을 비난했다. 그러나 아버지 같은 사람이지만 비판적이지 않은 상담자에게 그녀의 과거를 털어놓음으로써 그녀는 지금 자신의 성(性) 뿐만 아니라 자신의 과거도 받아들일 수 있게 되었다. 필자가 원했던 목표가 유효했고 너무 갑작스러운 변화는 그녀에게 혼돈을 초래할 수 있으므로 필자는 자신의 신체에 대해서 당장 너무 많은 것을 받아들이려고 하지 않는 것이 좋을 것이라고 말했다.

필자는 만일 그렇게 한다면 남성들이 그녀에게 관심을 보일지도 모른다고 경고했다. 그녀는 이 말을 부인이라도 하는 듯이 웃음을 지어 보였다. 그러나 이 말이 터무니없다고 생각하면서도 점차적으로 그 가능성에 관심을 보이는 것 같았다.

　필자의 이러한 말이 어느 정도 받아들여진 것 같았다. 게다가, 그녀는 짝사랑을 했었다고 고백했지만 그 짝사랑에 대해서 상세하게 말하려 하지 않았지만 자신에게는 새로운 경험이었다고 말했다. 나중에 그녀는 상대방에게 거절당할지도 모른다는 걱정 때문에 자신의 감정을 주체할 수 없었다고 고백했다. 그러나 그녀는 진정한 동료가 될 수도 있는 한 남자에 대해 적극적인 감정을 가지는 것이 색다른 감정이라는 것을 느꼈으며 오랫동안 느껴보지 못했던 감정이 일어나기 시작했다고 말했다.

　케이트 씨가 자신의 신체를 자신의 일부분으로서 인식하기 시작했을 때 그리고 동료가 될 수 있는 가능성을 지닌 남성들에게 적극적인 감정을 가지기 시작했을 때 정신적으로 성장할 수 있다는 희망을 가지게 되었다.

　하나님의 간섭하심과 남성들에 대한 불신 그리고 정신과 이간된 신체에 대한 대화를 나누었을 때, 케이트 씨는 하나님의 인도하심을 느낄 수 있었다고 말했다. 비록 그녀는 과거를 들추어내고 싶어하지 않았지만 하나님께서 자신이 그렇게 하도록 용기를 주셨다고 말했다. 과거를 들추어내는 것은 괴로웠지만 그녀의 치유에 많은 도움이 되었다.

　우리는 하나님께서 케이트 씨에게 과거의 아픈 기억들을 상기시킴으로써 그녀를 치유하고 계시다는 것을 인식하면서 기도를 드렸다. 필자는 케이트 씨가 긴장을 풀고 과거의 고통스런 경험들을 털어놓을 때 하나님께서 그녀에게 용기를 주시기를 기원했다.

　또한 개인적인 애착심에서 기도를 드렸는데 특히, 우리의 관계에 대해서 활발한 상담을 진행하는 동안 하나님께서 필자가 케이트 씨에게 효과적으로 대답할 수 있도록 도와주시기를 기도 드렸다. 필자는 방어적으로 대답하고 싶지 않았다. 그녀가 자신의 신체에 대해 느끼는 감정, 남성들에 대해 느끼는 감정, 그리고 상담자인 필자에게 느끼는 감정을 살펴 볼 때 그녀에게 도움이 될 수 있도록 하나님께서 능력을 내려 주시기를 기도 드렸다. 이 상담이 그녀의 깊은 상처를 받은 감정과 기억들을 치유하는 데 큰 도움이 될 수 있기를 기도 드렸다.

세 번째 단계에서 상담이 진행됨에 따라 다루어 볼 필요성이 있는 중요한 문제들이 하나씩 하나씩 나타났다. 그 때마다 하나님의 성령이 치유하셔서 케이트 씨는 그러한 장애물들을 제거할 수 있었다.

이 장에서 기도의 형태는 주로 하나님께서 어디에서 어떻게 역사 하시는가에 초점이 맞춰져 있었다. 반면에 하나님의 역사에 대한 인식이나 감사 그리고 협조와 같은 특별한 기도는 매우 드물었다. 상담 과정을 통해 우리는 성령이 상처받은 감정을 더욱 깊이 치유할 수 있도록 장애물을 제거할 수 있는 토대를 만들 수 있었다. 다음 장에서는 성령의 역사에 방해가 되는 장애물들이 일단 제거되면 기도가 상담에 있어서 어떠한 작용을 하는가를 보여 줄 것이다.

2. 요 해

개인 목회상담에 있어 인식 모델의 세 번째 단계에서는 설정된 목적을 성취하기 위한 실제 행동에 들어간다. 상담자와 내담자가 하나님께서 역사하시는 일에 협조하는 것도 목표에 포함되어 있다. 세 번째 단계에서는 성령의 인도와 목회상담이 하나로 수렴된다. 즉 목회상담자는 내담자가 하나님의 치유 능력에 협조하는 데 방해가 되는 장애물을 제거할 수 있도록 할 뿐만 아니라 하나님께서 그를 치유하기 위해서 역사하신다는 것을 인식할 수 있도록 도와준다. 내담자가 일찍이 겪었던 좌절, 그의 행동에 영향을 끼쳤던 부정적인 이야기, 그리고 자신에 대해 부정적인 생각을 가지게 하는 잘못된 문제들을 깊이 있게 탐색한다. 내담자가 하나님의 역사에 협조할 수 있도록 하기 위해서는 하나님의 치유력에 대한 인식에 주목할 필요가 있다. 게다가 심적으로 치유 받은 경험을 표현하기 위한 언어를 찾을 수 있는 성경 말씀도 살펴보아야 한다. 또한 치유를 방해하는 상담자와 내담자 사이의 문제점도 거론한다. 이러한 단계에서는 하나님의 존재와 능력 그리고 역사하심에 대한 기도를 드리고 고통스런 기억들에 대해 상담을 할 때 하나님께서 용기를 주시기를 기도 드려야 한다.

제6장
비극적 인생관의 극복

제6장 비극적 인생관의 극복 / 111

상담의 세 번째 단계에서 케이트 씨가 상담의 목표를 달성하려고 노력했을 때 자신을 둘러싸고 있던 문제들이 드러나게 되었고 세상을 바라보던 비극적인 인생관이 바뀌기 시작했다. 그러자 그녀는 자기 자신을 새롭게 바라보기 시작하면서 과거에 상처받은 대인 관계를 다른 식으로 재해석하기 시작했다. 그렇게 함으로써 그녀는 더욱 더 성장할 수 있게 되었다.

이 장에서는 케이트 씨의 비극적인 인생관이 어떻게 바뀌었고 그 결과로써 나타난 여러 가지 사항들에 대해서 살펴볼 것인데 이 장의 내용들은 인식 모델의 세 번째 단계에 해당된다.

1. 성경 내용의 발견 –
비극적 삶에서 새로운 인생관으로의 전환

케이트 씨가 자신을 있는 그대로 받아들이기 시작했을 때 세상을 바라보는 자신의 비극적 관념이 바뀌어야 한다는 것을 깨달았다. 이전의 비극적 인생관은 더 이상 그녀에게 어울리지 않았다. 새로운 인생관이 필요했고 또 새롭게 의지할 성경 말씀이 필요했다.

이전에 케이트 씨는 자신의 감정을 표현하는 데 도움이 되는 성경 말씀들을 찾아냈다는 사실을 지적한 적이 있었다. 그 말씀들 중 하나는 여호수아와 갈렙과 같은 정탐꾼들의 내용이었다. 그녀는 하나님의 백성이 거하는 약속의 땅으로 들어가고 싶어하는 자신을 발견할 수 있었다. 하나님께서 자신을 위해 준비해 두신 미래를 놓치고 싶지 않았던 것이다.

또한 케이트 씨가 자신의 삶에 커다란 변화가 일어나고 있음을 깨달았을 때 그 변화를 설명하기 위해 또 다른 성경 말씀을 인용했다. 여호수아와 갈렙의 이야기가 그녀에게 많은 도움이 되었지만 심적인 성장을 거듭함에 따라 그 경험을 설명하기 위해 또 다른 새로운 말씀이 필요해졌다.

그녀는 이 새로운 말씀을 이스라엘 민족과 아합 왕과 선지자 엘리야가 나오는 열왕기상 17장과 18장에서 찾아내었다. 열왕기상 18장의 말씀은 그녀의 삶의 변화를 설명하는데 충분한 도움이 되었다.

이러한 말씀들을 통해 케이트 씨는 비극의 굴레로부터 해방감을 맛볼 수 있었다. 하나님께서 자신을 받아들이신다는 것을 깨닫고 상담에 임하므로써 이러한 경험을 할 수 있게 된 것이다. 그녀는 하나님께서 자신을 받아들이신다는 것을 깨달았을 때 인생에 대해서 달리 생각하게 되었다. 자신이 해방되었다는 감정을 표현하기 위해 계속해서 새로운 성경 말씀이 필요했다. 하나님의 역사하심을 인식하게 되었을 때 그녀는 자신의 신체에 대해 새로운 시각을 가질 수 있었고 새로운 삶을 위한 새로운 말씀을 찾게 된 것이다.

이렇게 성경 말씀 속의 두 내용들을 발견한 것은 케이트 씨에게 있어서 매우 중요한 일이었다. 첫 번째는 대다수의 정탐꾼들의 견해에 상반되는 여호수아와 갈렙의 보고에 대한 발견이었고,

두 번째는 열왕기상 17장에서 18장에 이르는 말씀의 내용을 발견한 것이었다. 특히 이 두 번째 발견은 케이트 씨의 성장에 중요한 영향을 미친 것 같았다.

이 두 번째 발견은 과거의 고통스러운 관계를 묻어 두기 위해 그녀가 고집했던 부적합한 옛 이야기의 굴레로부터 완전한 해방을 이루어 낸 것이었다. 지금 그녀는 미래의 모험을 두려워하던 성경의 옛 정탐꾼이 아니었다. 이러한 그녀의 새로운 모습은 비록 여전히 되어가는 과정 중에 있었지만 확실히 뚜렷한 발전이 이루어지고 있었으며 정말로 새 사람이 되어가고 있었다.

비극의 굴레로부터 해방됨으로써 그녀가 새 사람이 될 가능성이 높아졌을 뿐만 아니라 삶에서 역사하시는 하나님과 성령의 활동에 대한 믿음이 새롭게 싹트기 시작한 것이다. 이제는 자신을 굴레로부터 벗어나게 해 주신 하나님의 치유와 크신 사랑을 경험하게 되었다. 케이트 씨는 이러한 모든 일들이 하나님께서 주신 선물이라고 생각했다. 이제 그녀가 해야 할 일은 자신의 내면 깊은 곳에서 일어나는 하나님의 역사에 협조하는 일이었다.

엘리야와 아합에 대한 성경 말씀을 새롭게 읽음으로 케이트 씨는 여호수아와 갈렙이 보여준 용기를 좀 더 구체적인 방법으로 실행에 옮길 수 있었다. 진정한 용기란 무엇인가에 대한 해답을 구하기 위해 좀 더 구체적인 예를 필요로 했는데 이 해답을 엘리야에게서 찾을 수 있었다. 이렇게 새로운 성경 말씀을 접하게 될 때마다 점차로 새로운 사람이 되어 가고 있었다.

어떤 사람은 성경 말씀을 의미도 모르는 채 맹목적으로 신봉하고 있을 때 그 내용의 구성에 따라서 행동하게 될 것이다. 케이트 씨는 불완전한 정탐꾼과 같은 내용에 빠져서 성장에 장애를 받고 있었다. 사실, 그녀는 그것으로 인해 성장이 좌절되었고 내용의 부정적 측면에 빠져 있는 자신을 발견하게 되었다. 그러나 곧 자신을 잠재적인 해방으로 인도하는 내용에 삶을 맡기게 되었다.

비록 케이트 씨가 성경에 나오는 대다수의 정탐꾼들의 견해가 그릇되었다는 것을 깨닫기는 했지만 그 성경 말씀을 바로 그녀의 삶 속에서 현실적으로 해석할 필요가 있었다. 여호수아와 갈렙이 보여준 용기를 바로 실제 삶에 적용시켜야 한다는 현실적 해석이 그녀의 삶을 이끌어 나가는 실제 활력이 된 것이다. 내면에 작용하는 성경 말씀의 현실적 해석과 적용을 통해 케이트 씨는 자신의 옛 견해가 잘못되었음을 깨달았고 목표를 성취하기에 적당한 견해를 발견하게 되었다.

목회상담을 통해 자신을 있는 그대로 수용할 수 있는 분위기가 자연스럽게 조성되었다. 동시에 성경 말씀의 현실적 해석으로 긍정적인 사고가 부정적인 사고를 억누르게 되었다. 자기 자신을 있는 그대로 받아들임과 동시에 성경 말씀의 현실적 해석에서 비롯된 활력을 통해 케이트 씨는 점차로 해방감을 맛보고 있었다.

바울의 신학에 의하면 사람들이 구 시대의 굴레로부터 벗어나서 예수 그리스도가 여신 새 시대를 좇을 수 있도록 성령이 조정하신다고 했다. 케이트 씨가 정탐꾼들의 부정적인 견해에 동조한 것은 구 시대의 유물을 버리지 못한 것이나 마찬가지였다. 그 결과로 고난과 고통만이 증가되어 갔지만 성령은 정탐꾼 내용의 현실적 해석을 통해서 그릇된 내용과 그것에 대한 집착을 버릴 수 있게 했고, 또 그녀를 해방시켜 주시기 위해 역사하고 계셨다.

정탐꾼의 부정적인 내용에 동조한 케이트 씨에게 성령의 역사가 일어난 것은 자신이 불행하고 진심으로 상담의 도움이 필요하다는 것을 느끼고 있었을 때 시작되었다. 그녀는 자신의 삶이 무엇인가 잘못되었다는 것과 상담을 하는 것이 그것을 알아내는 데 도움이 될 것이라고 생각했다. 케이트 씨의 삶에서 잘못된 것들 중의 일부분은 그녀의 삶에 영향을 주었던 비극적 구성에 있다. 어떤 이는 케이트 씨의 불행 중 일부분이 그녀가 자신의 부정적인 인생관에 불편함을 느끼도록 해 그녀를 방해하는 성령의 역사 때문이라고 말할 수도 있다. 아마 성령께서 그녀에게 삶의 의미를 찾는 방법에 주의를 기울이도록 강요해 왔을지도 모른다. 필자는 그녀의 불만이 삶에서 비생산적인 구성을 과감히 던져 버리도록 하는 성령의 역사에 원인이 있다고 확신한다. 요컨대, 성령은 케이트 씨에게 현재와 미래를 살아가는 새로운 방식을 불러일으킴으로써 그녀를 위해 역사하고 계셨다.

비록 성령께서 케이트 씨를 부추기어 정탐꾼에 대한 내용을 말하게 함으로써 불편함을 느끼게 했지만 우리는 즉시 성령께서 그녀에게 고난을 불러 일으켰다고 말할 수 없었다. 오히려 대다수의 정탐꾼들의 그릇된 견해에 동조하고 따름으로써 고난을 받은 것이었다. 성령께서 할 일은 오직 그러한 그릇된 내용을 통해 내담자들의 벗어나고 싶은 마음이 가득하게끔 충분한 고난을 받게 내버려두는 것이었다. 그런 식으로 성령은 내담자들이 그릇된 내용에 빠지게 되면 결코 행복을 얻을 수가 없다는 것을 깨닫게 도와주는 것이다. 내담자들이 이러한 것을 깨닫게 되면 성령께서는 그들에게 좀 더 적합한 이야기를 소개하고 그들의 삶을 그것에 맞출 수 있도록 돕는다.

성령의 역사 중의 하나는 내담자가 좀 더 적합한 성경 말씀의 내용에 삶을 맡기도록 돕는 것이다. 종종 성경의 현실적 해석이 이미 상담에서 작용할 때가 있다. 케이트 씨의 경우가 그렇다. 사실, 두 가지의 대립된 내용이 케이트 씨의 내부에서 전개되고 있었는데, 민수기 13장 14절에 나오는 대다수의 정탐꾼의 그릇된 내용과 여호수아와 갈렙의 진실된 내용이 그것이다. 여호수아와 갈렙의 진실된 내용이 케이트 씨의 삶에서도 전개되고는 있었지만 그다지 지배적인 것은 아니었다. 그러나 성령께서 그 진실된 보고는 케이트 씨의 삶을 지배할 수 있도록 역사하고 계셨다. 케이트 씨의 몸 안에서 그녀를 완전하게 하기 위한 역사가 일어나고 있었다. 새 사람이 되도록 그녀의 삶을 새로운 내용에 맡기는 역사가 이루어지고 있었던 것이다. 이러한 역사는 모두 그녀와 함께 하시는 성령을 통한 역사였다.

목회상담자의 역할은 내담자에게 일어나는 성령의 역사를 인식하는 것이다. 케이트 씨가 어떻게 대다수의 정탐꾼의 내용에 동조하게 되었는가를 살펴보는 일이 바로 이러한 일에 해당된다. 케이트 씨는 자신이 미래를 두려워하는 대다수의 정탐꾼과 같았다고 말했다. 이렇게 자신을 그들과 동일시함으로써 부정적인 견해에 빠져 버리게 되었다. 정탐꾼의 그릇된 내용에 빠진 정도를 필자가 살펴보았을 때 그녀는 하나님께서 치유하실 수 있었던 많은 기회를 자신이 버렸다고 고백했다. 이 말을 통해서 하나님께서 치유할 수 있는 기회를 주셨다고 은연 중에 밝히고 있었다. 그러나 그녀는 이러한 기회를 저버렸다는 것이다. 그녀는 물리적인 치유만을 고집했고 과거의 관계가 얼마나 자신의 치유를 방해하는가 하는 문제에 대해서는 무관심했다. 그러나 케이트 씨가 대다수의 정탐꾼이 가졌던 그릇된 견해에 자신이 빠져 있다는 것을 깨달았을 때 그 성경 말씀의 내용에 그들과는 다른 더 완전한 의미가 있다는 것을 깨닫게 되었다.

케이트 씨가 여호수아를 통해 이스라엘 백성을 약속의 땅으로 인도하신 하나님이 바로 그녀에게서 지금 역사하시고 계시는 하나님이라고 깨닫는 데에는 필자의 도움이 필요 없었다. 목회상담을 통해 그녀는 하나님께서 자신과 함께 하시며 역사하신다는 것을 깨닫게 되었을 뿐만 아니라 하나님께서 역사하시는 일에 협조를 할 수 있게 되었다. 여호수아와 갈렙이 하나님의 말씀에 귀를 기울인 것처럼 그녀도 목회상담을 통해서 하나님의 말씀에 귀를 기울이게 되었으며, 여호수아와 갈렙이 하나님께서 백성들을 위해 예비해 두신 미래를 따랐던 것처럼 케이트 씨도 하나님께서 그녀를 위해 예비해 두신 미래를 따르도록 고무되었다.

그녀가 하나님께서 예비해 두신 미래를 따르기로 결심했을 때 삶에 새로운 면이 보이기 시작했다. 자신이 치유를 갈망하는 것이 엘리야의 내용과 비슷하다는 것을 발견했다. 이 성경 말씀을 통해서 그녀의 삶에서 새롭게 전개되는 활력을 설명할 수 있을 것 같았다. 목회상담 과정에서 필자는 케이트 씨가 자신의 삶에서 새롭게 전개되는 이 내용과 그것이 갖는 의미를 살펴볼 수 있게 도와주었다.[15]

비가 내리기를 기도하는 엘리야의 내용을 살펴본 결과로서 그녀는 상담을 계속해야 한다는 확신을 가지게 되었다. 이 새로운 엘리야의 내용이 그녀에게 치유를 위한 상담의 중요성을 느끼도록 해 준 것이다.

케이트 씨의 경우에 목회상담자의 역할은 그녀가 새롭게 전개되는 내용을 따르기로 했을 때 그녀를 지지해 주는 것이다. 이

상담의 단계에서 케이트 씨는 진심으로 자신을 위해 노력하고 있었다. 그렇기 때문에 필자가 할 일은 부드럽게 격려하고 가끔씩 성령의 역사에 대한 간단한 인식을 주지시켜 주는 것이었다. 성령의 역사와 성경 말씀을 통해 케이트 씨는 조금씩 성장해 갔고 새로운 미래를 바라보는 시각을 갖게 되었다.

2. 자기 수용과 용서 - 좌절에서 소망으로의 전환

케이트 씨는 이제까지 자신이 모세에게 그릇된 보고를 한 대다수의 정탐꾼의 내용에 동조한 것과 같이 자신의 시각이 그와 같았다는 사실을 깨달았을 때 놀라움을 감추지 못하면서 자신이 그렇게 어리석었다는 것을 믿을 수가 없다고 말했다. 그녀는 당황했고 사죄의 기도를 드렸다. 자신의 어리석은 모습에 실망했고 정말로 자신이 어두운 장막에 가리워져 있었음에 틀림없다고 고백했다.

케이트 씨는 자신이 큰 실수를 저질렀다는 사실을 인정하면서 올바른 선택을 하기 위해서 자신의 삶이 완전히 달라졌다고 말했다. 그러나 필자는 그녀가 또 다시 자신을 완전하지 못한 존재로 억누르려 하고 있다고 지적했다. 이 말을 듣고서 그녀는 완전한 치유를 위해서 그리고 자신에게 문제가 되는 것이 어떤 부분인가를 알기 위해서 대화를 더 나누자고 제의했다. 그러면서 그렇게 어리석었던 자신을 용서할 수 없다고 말했다.

케이트 씨는 스스로 자신을 쓸모없는 존재라고 생각하고 있는 것 같았다. 그러나 그녀가 더욱 성장을 하기 위해서는 자신이 잘못된 판단과 실수를 저지를 수 있는 불완전한 존재라는 것을 스스로 인정해야 했다.

그녀가 다니던 교회 환경의 영향으로 케이트 씨는 내면의 치유에 친숙한 편이었지만 그녀는 생각하기를 보통 사람들은 자신이 저질렀던 실수를 너그럽게 용서하지 못한다는 점을 잘 알고 있었다. 케이트 씨 자신도 자신을 용서하지 못하기 때문에 내면의 치유를 얻지 못한다는 것을 깨달았다. 그녀는 자신의 불완전함을 부끄럽게 생각했다.

필자는 케이트 씨에게 자신을 용서하기 위해 도움이 필요할 만한 것들이 무엇인지 살펴보자고 제의했다. 내가 이렇게 말했을 때 그녀는 기도의 필요성을 절실히 느끼고 있던 상태였다. 그녀는 나의 문제 제기에 기뻐했다. 나는 그녀가 불완전한 존재라는 것을 인정하며 자신을 있는 그대로 받아들이시는 하나님께 기도드릴 수 있게 유도했다. 기도를 드린 후 그녀의 기분은 한결 나아졌다는 것을 인정하게 되었다.

이 시점에서 기도를 구체적으로 드리는 것이 중요했다. 기도의 내용과 그것에 대한 케이트 씨의 반응에 대해 살펴볼 필요가 있었다. 필자는 가장 어려운 상담의 단계를 케이트 씨가 미리 준비할 수 있도록 역사하시며 그녀의 삶에 변화를 주신 하나님께 감사를 드리며 기도를 시작했다. 내가 언급한 어려움이란 케이트 씨가 자신이 불완전한 존재라는 것을 받아들이는 데 있어서의 곤경을 말하는 것이다. 나는 기도를 드리면서 케이트 씨가 자신의 불완전함을 인정했다는 점을 발견했다. 케이트 씨를 위해 나는 하나님께 그녀가 인간이 불완전한 존재라는 측면에서 자신을 용서하도록 은총을 내려 주시기를 기도드렸고, 그녀의 삶에서 일어나고 있는 미래를 움켜잡을 수 있도록 용기를 주시기를 기도드렸다. 나는 그녀의 삶과 우리의 관계에 역사하시는 하나님께 감사드리며 기도를 드렸다.

상담자인 나와 기도를 드리면서 케이트 씨는 나의 기도에 응답을 해야 한다는 느낌을 받았는데 나는 케이트 씨의 자발적인 모습에 놀랐다. 그녀는 하나님께서 자신에게 보여주신 일들에 감사를 드렸고 자신을 치유하고 완전하게 하기 위해서 역사하시는 하나님께 협조할 것을 다짐했다. 그녀는 여호수아와 갈렙의 내용이 상징한 미래를 잡을 준비가 되었다고 밝힌 것이다.

케이트 씨는 기도를 드리면서 부가적으로 나에게 응답하고 있었다. 그녀는 처음에 자신이 희생당했다고 느꼈던 것이 그 당시에 할 수 있었던 최선의 생각이었다는 것을 깨달았으며 또한 그것이 자신에게 매우 해로운 것이었다는 것을 깨달았다고 고백했다. 그녀는 자신이 그렇게 생각을 한 점과 그 그릇된 생각이 몇 년동안 자신의 삶에 그릇된 영향을 끼쳤다는 점에서 하나님께 용서를 빈 것이다. 또한 자신을 학대했던 사람들에 대한 감정을 잘 조절해서 진정으로 남을 용서할 수 있도록 하나님께서 도와주시기를 기도드렸다.

케이트 씨의 기도는 매우 감동적이었다. 상담 과정에서 성령의 역사에 대한 케이트 씨의 협조는 내가 예상했던 것보다 훨씬 더 잘 이루어졌다. 나는 학대했던 사람들을 용서하지 못하는 자신의 불완전함을 하나님께서 용서해 달라고 기도드리는 케이트 씨에게서 그녀가 자기 수용의 단계에 이르렀음을 알 수 있었다. 또한 그녀의 기도를 들으면서 그녀가 자신을 육체적으로 그리고 정신적으로 학대했던 사람들에 대한 감정을 살펴볼 준비가 되어 있음도 알게 되었다. 케이트 씨의 기도는 그녀가 상담의 과정을 충실히 따라오고 있으며 점차 치유되어 가고 있음을 보여주는 것이었다.

상담이 후반으로 치닫고 있을 때, 케이트 씨는 자신을 학대했던 사람들을 용서할 필요성을 느낀다고 말했다. 자신을 학대했던 사람들과 마찬가지로 자신도 다른 사람들을 학대했다는 것을 깨달았을 때 그녀는 다른 사람을 용서할 준비를 했다. 이것을 통해 케이트 씨는 사람들을 혐오하던 특성이 내면화되어 있음을 알게 되었다. 그렇기 때문에 그녀는 자신을 학대했던 사람들도 아마 학대를 받은 경험이 있을 것이라고 생각하면서 그들을 용서하기 위해 노력했다. 그녀는 자신에게 잔혹한 면을 가지고 있고 남을 학대하는 성질이 있다는 것을 인정했다. 이것이 그녀를 학대했던 사람들을 이해하는 계기가 되었다. 그녀는 자신이 증오했던 사람들에게 사죄하는 뜻에서 필자에게 기도를 드려 달라고 부탁했다. 나는 이 부탁을 받아들여 다음과 같은 기도를 드렸다.

"오, 하나님 아버지! 주의 종, 케이트 씨를 위해 역사하여 주시니 감사드립니다. 하나님께서 케이트 씨가 자신을 학대했던 사람들을 용서하도록 은총을 베푸셔서 상담을 진행하는 이 순간까지 이르게 하심을 감사드립니다. 우리는 특히 하나님의 성령이 케이트 씨에게 특정한 사람들이 저지른 사건들과 같은 잘못된 일들을 고쳐주시리라 믿습니다. 우리는 하나님께서 그 때 케이트 씨가 받은 상처를 낫게 해 주시고 주의 종을 붙들어 주실 것을 기도드립니다. 또한 하나님, 케이트 씨에게 은총을 베푸셔서 그녀를 학대했던 사람들을 용서하게 하시고 또 그들을 증오했던 자신을 용서해 주옵소서. 주님의 크신 은총과 자비에 감사드리며 예수님의 이름으로 기도드립니다. 아멘."

케이트 씨는 필자에게 감사를 표하며 떠났다. 다음 상담에서 그녀는 자신이 상처를 주었던 사람을 찾아가서 사과를 해야겠다고 말했다.

상담 지침을 살펴보면 다음과 같다.

- 어린 시절의 역할을 벗어나 성장하기 위하여 가족의 기원과 내력을 재 조사할 것
- 가족 구성원들이 미묘하게 어린 시절의 역할을 다시 해 달라고 압력을 행사할 때 그들의 심리 반응을 관찰하는 법을 배울 것
- 중요한 사람들에게 욕설이나 마찰을 피하며 방어적이 되지 않고 반격하지 않는 등, 감정적인 반응을 보이지 않을 것
- 마지막으로, 개인적이지 못한 이야기를 하거나 제 삼자를 대화에 끌어들임 없이 각 부모와 일대일의 관계를 세울 것

일대일의 관계를 세우는 목적은 성인으로서 각 부모와 관계를 맺는 방법을 찾기 위해서이다. 케이트 씨와 필자는 그녀가 각 부모와 일대일의 관계를 맺을 수 있도록 하기 위해 많은 상담을 가

졌다. 내가 추천한 방법이 우회적인 구실에 불과하다는 케이트 씨의 말에서 그녀가 두려워하고 걱정하고 있음을 명백히 알게 되었다. 그녀는 내가 말한 방법이 간접적이고 미묘하며 제대로 될 리가 없다고 말했다. 우리는 어떻게 그녀가 아버지와 어머니를 대할 것인가 하는 문제를 놓고 역할 연기를 해 나갔다. 우리는 그녀의 걱정을 덜어 주는 방안으로 계속해서 연습을 했다.

그 때 그녀가 집으로 돌아가서 우리가 연습했던 것을 실행할 기회가 왔다. 그녀는 가족의 속죄 양으로서의 역할을 벗어나려는 강렬한 열망을 가지고 집으로 돌아갔다. 그녀의 전략은 한 쪽 부모와 일대일로 함께 있을 때 그 부모가 다른 쪽 부모에 대해 그녀가 이야기를 하도록 강요하지 못하게 하는 것이었다. 우리는 하나님께서 그녀의 성장을 위해서 그 전략을 인도하시고 그녀에게 용기를 주시기를 기도드렸다.

케이트 씨가 집을 다녀온 후에 상담실을 찾았을 때 그녀는 매우 당황스러워하고 있었다. 그녀가 집을 찾아갔을 때 어머니는 아프셨고 동생 중 한 명은 법적인 문제로 큰 근심을 하고 있었다. 그녀는 이런 중대한 가족 문제가 있었음에도 불구하고 이 문제를 자신에게 알려주지도 않았다는 것에 화가 났다. 그녀의 아버지는 이미 그녀가 충분한 짐을 졌고 더 이상 그녀에게 짐을 지우고 싶지는 않았다고 말했지만 케이트 씨는 그 문제를 들었어야만 했고 알 권리가 있다고 생각했다.

나는 케이트 씨에게 가정에서 그녀의 역할이 바뀐 것처럼 보인다고 말했다. 그녀는 나를 쳐다보며 망연자실해 있었다. 그녀는 "무슨 뜻이지요?"라고 물었다. 나는 그녀가 바래왔던 것을 이미 얻었다고 대답했다. 그녀는 혼란에 빠진 것 같았다. 나는 그녀가 가족의 짐을 억지로 떠맡는 식으로 가족 문제에 끼어드는 것을 바라지 않을 것이라는 점을 지적했다. 그녀는 이것이 사실이라고 인정했다. 그 때 나는 그녀의 아버지도 그녀와 같은 생각을 했을 것이라고 말했다. 그녀는 놀란 것 같았다. 그 때 우리는 친숙했던 가정에서의 역할로부터 탈피하는 데 있어서 그녀의 감정에 대해서 살펴보기 시작했다. 그녀는 상실감을 느꼈고 자신이 가정을 떠나 자립할 준비가 되어 있지 않다고 말했다. 우리는 그녀가 가족들과 새롭고 성장에 도움이 되는 관계를 맺는 것이 얼마나 어려운가를 살펴보았다.

자신의 미래를 그렇게 오랫동안 부정하면서 살아온 사람이 미래를 바라보고 잡으려 하는 것은 매우 걱정스러운 일이고 위험한 일이다. 미래를 잡는다는 것은 구 시대의 유물을 벗어 던지고 새로운 형태로 다시 태어난다는 말이기도 하다. 사람들은 그 미래를 잡기 전에 과거를 잃어버린다는 걱정을 하게 된다.

케이트 씨는 가정에서의 자신이 맡아왔던 역할을 벗어나게 되었는데 그녀는 별로 좋아하는 것 같지 않았다. 그녀가 이러한 상실감을 미래를 위한 긍정적인 것으로 평가를 내리기 위해서는 가족들을 여러 번 더 만나야 했다. 그녀는 각 가족 구성원들과 새롭고 상호 보완적인 관계를 맺기 위한 방법을 모색해야만 했다. 그녀의 가족들은 더 이상 그녀에게 가족의 짐을 지우고 싶어하지 않았다. 그 이유는 케이트 씨의 건강이 자신들 때문이라는 생각을 하기에 이르렀다. 그래서 케이트 씨를 자유롭게 놓아두고 싶어했던 것이다.

인식 모델의 세 번째 단계는 케이트 씨가 중요한 선택을 내리며 정신적으로 큰 성장을 보이면서 끝이 났다. 케이트 씨가 내린 가장 중요한 선택은 자신의 인생관을 바꾼 것이었는데 그것은 결코 쉬운 일이 아니었다. 상담과 관련된 기도를 통해서 케이트 씨는 성장할 수 있었으며 상담과 인식을 통해서 케이트 씨는 실제로 행동을 취할 수 있었고 목표를 성취할 수 있었다.

케이트 씨와 나의 상담 관계는 내가 남성 상담자로서 그녀를 할 수 있는 한 최대로 도와줬다고 서로가 인정하면서 끝을 맺게 되었다. 우리는 모두 더 이상의 성장을 위해서는 그녀가 여성 목회상담자를 찾아가야 한다는 데 의견의 일치를 보았다. 그녀는 과거에 다른 사람들과의 더 깊은 차원의 관계조차도 살펴볼 준비가 되어 있었다.

3. 요해

상담자는 내담자의 삶에서 비극적 인생관의 변화를 살펴보았고 어떻게 내담자가 자기 자신과 세상 그리고 하나님을 바라보는 견해를 변화시킬 것인가에 대해서도 살펴보았다. 구 시대의 노예로 사로잡히는 이야기로부터 탈피하고 믿음의 새로운 이야기로 전환하는 것도 살펴보았다. 새로운 이야기로 전환하는 데에는 주어진 환경을 있는 그대로 받아들이는 것이 필요하다. 바울신학은 하나님의 성령이 어떻게 구약으로부터 신약으로 전환하는 것을 돕는가를 설명했다. 하나님께서 내담자의 삶을 지배하는 부적합한 이야기를 어떻게 변화시키시는가에 대해서 인식을 할 필요가 있다.

케이트 씨의 상담에서 우리는 기도가 목회상담을 원활하게 할 수 있고 목회상담이 기도를 유도할 수 있다는 것을 알 수 있다.

또한 우리는 상담자가 내담자를 위해 기도를 드릴 때에는 일정한 규칙이 있고 내담자가 함께 기도드릴 자리가 있다는 것을 알 수 있다. 특히 하나님께서 내담자의 삶의 어느 부분에서 그리고 상담 과정의 어느 부분에서 역사하시는가를 알고자 하는 성령의 역사에 대한 기도는 성장을 촉진시킬 수 있는 것이다. 기도의 내용에는 내담자가 자신이라는 존재의 유한성과 제약성을 받아들일 수 있도록 하나님께서 은총을 내려주십사 하는 바램과 내담자를 학대했던 사람들을 위한 기도도 포함되어 있었다. 자신과 다른 사람을 용서함으로써 내담자는 자신에게 진실된 어떤 것을 받아들일 수 있고 치유를 위해 한 걸음 더 나아갈 수 있었다. 또한 기도를 통해서 그녀는 가족들과 좀 더 긍정적인 관계를 다시 맺을 수 있고 좌절을 떨쳐버릴 수 있는 새로운 역할을 받아들이게 되었다.

제 7장

결혼상담의 실행 단계

결혼 상담에 있어서 인식 모델의 세 번째 단계에서는 내담자 부부와 함께 설정한 목표를 향해 나아가는 것이다. 이 단계에서는 내담자들이 목표를 성취할 수 있도록 하나님께서 어떻게 역사하시는가를 인식해야 하며, 감사와 도움을 요청하는 기도를 포함해 다양한 종류의 기도를 드릴 수 있다.

랄프 씨, 카렌 씨 부부와의 결혼 생활에 대한 상담의 두 번째 단계에서는 세 번째 상담에서 주의를 기울일 가치가 있는 그들 문제의 특정 분야가 이미 거론된 바 있다. 첫 관심사는 랄프 씨와 카렌 씨가 서로를 대하는 태도였다. 랄프 씨는 카렌 씨의 애정이 식어감에 대해서 분노를 느끼게 된 것이었으며, 애정이 식어감을 느꼈을 때 그녀에게 폭력으로 공격을 가하곤 했다. 반면에 카렌 씨는 랄프 씨에게 버려졌다는 느낌을 받았을 때가 있었지만 랄프 씨에 대해서는 그가 공격을 가해 올 때만 애정이 식어진다고 했다. 이러한 악순환이 계속되었고 그들은 이것에 대한 책임을 서로에게 전가하고 있었다.

이러한 공격과 퇴각의 상호 태도와 관계된 그들의 문제 해결을 위해 설정된 목표와 관심사는 랄프 씨와 카렌 씨가 서로의 행동에 반응하는 자신들의 태도에 책임감을 느끼도록 돕는 것이었다. 좀 더 정확하게 말하자면, 랄프 씨가 카렌 씨를 말로써 공격할 때 카렌 씨의 목표는 어떻게 랄프 씨의 태도에 적절한 반응을 보일 것인가를 생각하고 그것을 결정하는 법을 배우는 것이었다.

그녀는 여러 가지 방법을 선택할 수 있다. 불쾌한 감정을 가라앉히고 친절하게 반응을 보일 수 있고 그가 좀 더 격식있는 태도를 취하도록 요구할 수도 있다. 다른 한편으로 랄프 씨의 목표는 카렌 씨의 애정이 식어 갈 때 그것에 대한 자신의 반응에 책임을 지는 법을 배우는 것이었다. 그 역시 마찬가지로 여러 가지 방법을 선택할 수 있다. 그는 말로써 공격을 가하지 않고 친절한 반응을 보일 수도 있으며 카렌 씨에게 좀 더 격식있는 태도를 취할 수 있다.

결혼 생활에 대한 문제를 다룰 때에 상담가로서의 역할 중에 하나는 그들이 고통스러운 시기, 특히 공격과 퇴각의 형태가 반복되고 있다든지, 또는 그렇게 될 가능성이 있을 때 서로에게 반응할 수 있는 최선의 방법을 찾도록 도와주는 일이다. 상담자의 목표는 그들이 서로가 갈망하는 대로 응답할 수 있도록 도와줌으로써 공격과 퇴각의 형태를 벗어날 수 있도록 돕는 것이다.

카렌 씨는 적극적인 접촉을 필요로 했고 랄프 씨는 그녀의 따뜻한 사랑을 필요로 했다. 따뜻한 사랑을 필요로 하는 것과 적극적인 접촉을 필요로 하는 것은 매우 흡사한 것이라고도 볼 수 있다. 간단하게 말해서 랄프 씨와 카렌 씨는 서로에게 같은 것을 필요로 하고 있다고 할 수 있다.

그들이 서로가 갈망하는 대로 반응하는 것을 돕고자 하는 필자의 역할에 충실해지는 방법은 그들 각각의 감정에 주의를 기울이는 것이었다. 상담자의 목표는 각 배우자가 자신의 감정을 잘 파악해서 그것을 솔직하고, 조리있게 표현하도록 돕는 것이다. 이러한 감정들을 주의깊게 듣고 받아들임으로써 필자는 어떻게 각 배우자가 갈망하는 것에 서로가 반응을 보일 것인가라는 해답에 관한 본보기를 제시하려고 한다. 게다가 각 배우자는 자신의 요구 사항을 파악하고 확실하게 그것을 표현하는 법을 배워야 한다. 이러한 감정 파악과 표현은 그 부부 사이에 직접적이고 솔직한 대화를 낳는 결과를 가져 올 것이다.

상담의 두 번째 목표는 랄프 씨와 카렌 씨가 서로의 차이점을 인정하고 받아들이는 것을 돕는 일이었다. 즉 그들에게 서로가 독특한 개성, 재능, 은총, 감정을 표현하는 방식 등에 있어서 약간의 차이점과 특이한 성질을 가지고 있다는 것을 서로에게 인식시키는 일이었다. 차이점을 받아들이도록 돕는 데 있어서의 목표는 결혼 생활의 결속력을 강화시키는 가운데서 각 배우자가 상대방의 독특성을 보장해 줄 수 있도록 하는 것이었다. 차이점을 받아들이는 데 있어서의 또 다른 목표는 어떻게 그 인간성의 차이점이 상대방의 인간성을 보완해 줄 것인가 하는 것을 가시화하는 일이다. 차이점을 받아들이는 데 있어서 기본적으로 가정해 둘 것은 그렇게 함으로써 상대방이 한 개인으로서 성장하는 데 도움을 줄 수 있다는 점이다. 또한 그렇게 성장함으로써 그들은 친밀감과 결속력을 높일 수 있다.

차이점을 좀 더 효과적으로 인식시키기 위해서 결혼 생활 상담가로서 내가 할 일은 각 배우자가 자신의 독특한 개성, 재능, 특성, 세상을 대하는 일반적인 태도 등을 파악하고, 표현하고, 받아들이는 것을 돕는 일이다. 상담자인 나는 그들이 이러한 독특한 인간성의 차이점을 어떻게 생각하는가? 그리고 그것들이 각 개인의 이미지 형성에 필수적인 것이라고 생각하는가? 아니면 그렇지 못한 것이라고 생각하는가? 이러한 문제를 두고 각각의 배우자를 살펴보는 데 중점을 두었다. 또한 나는 각 배우자들과 이러한 차이점에 대한 그들의 감정을 살펴보았고 그들이 그러한 차이점들을 인정하고 보장할 수 있을 것인가 하는 문제도 아울러 살펴보았다.

세 번째 목표는 랄프 씨와 카렌 씨가 자신의 개인적인 행동이 뿌리를 두고 있는 이야기를 탐색하는 것이었다. 카렌 씨의 경우에 그녀의 이야기는 가족의 내력과 관계가 있었다. 우리가 이미 살펴보았듯이, 그녀의 이야기의 주제는 이미 운명적으로 정해졌고 그녀의 아버지처럼 성난 사람이 등장하는 비극적인 드라마에 사로잡혀 있었다.

랄프 씨의 이야기도 또한 가족의 내력과 관계가 있었다. 다시 말해서, 그의 아버지는 그에게 정신적으로 도움을 주지 못했고, 그가 두려워했던 것은 그 결과로 인해 자신의 인생 목표를 달성하지 못할지도 모른다는 것이었다.

내가 할 일은 카렌 씨와 랄프 씨가 그 자신들의 개인적인 이야기들을 효과적으로 정리, 편집할 수 있도록 도와주는 일이었다. 그러한 편집 과정을 통해 나는 그들이 자신들의 삶을 침울하게 운명지어진 것이라고 단정짓기보다는 그들이 그 삶에 효과적으로 대처할 수 있는 선택적인 방안을 찾아보도록 도우려 했다. 이러한 일들 중에는 그들의 결혼 생활 뿐만 아니라 각각의 개인적인 삶이 침울하게 운명지어진 이야기에서 벗어나도록 하나님께서 선택적인 방안을 제시하면서 역사하시고 계시다는 사실을 그들이 인식하도록 돕는 것도 포함되어 있었다.

마지막 목표는 그들의 결혼 생활에 대한 이야기를 편집하는 것이었다. 그들은 자신들의 모범된 윤리의식을 가진 혼전 행동이 결혼 생활의 행복과 조화를 보장해 줄 것이라는 안일한 생각에

잠겨 있었다. 그러나 이러한 생각은 결혼식을 올린 후에 산산이 부서지게 되었다. 그들은 지금 특정한 결혼 생활의 목표를 달성하기 위해 고통이 따르는 좀 더 현실적인 이야기를 필요로 하고 있었다.

내가 해야 할 일은 그들이 자신들의 태도에 각성을 하고 있는 정도를 파악해 결혼 생활의 조화를 위해 좀 더 현실적인 안목으로 자신들의 이상을 파악하도록 돕는데 있다.

이번 상담의 단계에서 상담자가 인지해 두어야 할 것은 내담자가 하나님께서 역사하신다고 인식한 일에 주의를 기울이는 것이다. 또한 기도를 통해서 그들이 하나님께서 역사하시는 일에 공감하며 위에서 언급한 네 가지의 목표를 달성할 수 있도록 도울 수 있어야 한다. 여기서는 격식을 갖춘 기도도 적절히 드릴 수 있다.

이 상황에서 마지막으로 할 일은 목회상담에 있어서 인식 모델의 해결책을 실행에 옮기는 세 번째 단계의 정수를 보여주는 상담의 특별한 순간에 주목하는 것이다.

목표 1 – 공격과 퇴각의 악순환과 탈피

공격과 퇴각의 형태는 카렌 씨가 그들의 아이에게 모유를 먹여 키울 것인가, 그렇지 않을 것인가 하는 문제를 놓고 많은 다툼이 있었다는 것을 상담을 시작한 지 14주가 되었을 때 나타났다. 결혼 후 첫 해가 지나갈 동안 그들의 결혼 생활에는 별다른 심각한 문제가 생기지 않았다. 그러나 예정된 첫 아이의 출산이 그들의 결혼 생활에 심각한 압력을 가해 오기 시작했다. 그것은 모유를 먹일 것인가, 그렇지 않을 것인가 하는 문제에 둘러싼 논쟁을 통해서 그들은 어떻게 자신들이 공격과 퇴각의 논쟁 형태에 대처해 왔는가에 대해서 살펴보게 되었다. 그후의 상담에서부터 나는 폭넓게 대화를 나눌 것이며 어떻게 인식 모델이 활용되었는지 보여 줄 수 있는 상담에 대해 거론할 것이다.

랄 프: 저는 어제 밤에 감정이 극에 달했습니다. 아내가 아이를 모유로 키우지 않겠다는 결심을 했거든요. 모유로 아이를 키우는 것이 가장 좋다는 여러 가지 보고서를 읽었는데 아내는 그것과 반대로 다른 사람들이 말하는 것과 다른 사람들이 이미 자식들을 키운 방법에 귀를 기울이고 있더군요. 저는 우리가 이 문제에 대해서 먼저 대화를 나누어야 한다고 생각했는데 아내는 그렇게 하면 자신의 몸이 상할 것이라는 생각을 하고 있었습니다. 저는 우리들의 아이를 최선을 다해 키우고 싶습니다. 저의 어머니는 저희 남매들을 모두 젖을 먹여 키우셨습니다.
　　이것은 아이를 잘 키우기 위한 최선의 방법이며, 질병을 이겨내는 데도 도움이 되지요. 그러나 아내는 그렇게 하면 자신의 몸이 상하게 될 것이라고 말합니다. 만약 제가 할 수만 있다면 제 자신이 아이에게 젖을 먹이고 싶은 심정입니다. 분노를 느끼게 되었고 제 감정은 극에 달했습니다. 저는 당연히 모유를 먹여야 한다고 생각하고 있었습니다.
상담자: 당신의 근본적인 관심이 아이에게 있다고 말하고 있군요.
랄 프: 예, 그렇습니다. 아내는 건강을 위해서 필요한 것이라면 무엇이든지 해왔습니다. 그래서 지금 건강한 상태입

니다. 그러니 모유를 먹일 수도 있습니다.

카렌 씨의 결심에 대한 랄프 씨의 반응은 매우 격렬했다. 나는 순간적으로 랄프 씨에게 이렇게 격렬한 감정이 어디에서 생기게 되었는가를 알아보고 싶어졌다. 모유를 먹이지 않겠다는 카렌 씨의 결심이 이렇게 격렬한 반감을 불러 일으켰다는 것이 명백했다. 나는 랄프 씨가 카렌 씨에게 어떻게 반응을 보였는지 알고 싶어졌다. 그래서 나는 랄프 씨가 지금까지 이야기한 것에 대해 그가 그렇게 말한 이유를 밝히면서 말을 걸었다. 다시 말해서, 랄프 씨의 말에 대한 나의 반응에서 아이를 향한 그의 관심이 들어있는 내용만을 집어냈다.

랄 프: 아내는 비타민을 계속해서 복용해왔고 건강을 지킬 수 있는 일이라면 무엇이든지 해왔기 때문에 지금 건강한 상태이며 모유를 먹일 수 있다고 생각합니다. 저는 아내가 모유를 먹였으면 좋겠습니다.
상담자: 당신은 모유를 먹여야 하는 중요성에 대해 이해하기 위해서 어느 정도 공부하고 보고서를 읽었다고 말씀하셨지요?
랄 프: 예, 맞습니다. 저는 여러 가지 자료들을 읽고 공부를 했습니다. 또한 의사도 만나보았습니다. 우리가 어느 날 의사를 찾아갔을 때, 카렌 씨도 모유를 먹이는 것이 신생아를 위해서 가장 좋다는 말을 들었습니다.
상담자: 당신은 매우 화가 났다고 말했습니다.
랄 프: 예, 전 아주 오랫동안 화가 풀리지 않았습니다.

이 마지막 대화에서 나는 랄프 씨가 화를 냈던 그 때의 상황으로 되돌려 놓고 있었다. 케이트 씨가 모유를 먹이기로 합의했던 자신들의 약속을 어겼다고 분노하는 그의 모습이 떠올랐다. 이 대화를 통해서 내가 알아낸 사실은 그가 지금까지 상담을 통해 많은 것을 정리함으로써 평안을 얻었고 이제 다시 새롭게 정리할 문제로 어려움을 겪고 있다는 것이었다. 상담자인 나의 궁극적인 목표는 랄프 씨가 자신의 공격적인 태도와 그러한 태도를 취하게 만든 상황에 대해서 살펴보도록 돕는 것이었으므로 나는 카렌 씨의 결심에 대해 그가 어떻게 반응을 보였는가를 조사했다.

  상담자: 당신은 어떤 말을 했습니까?
  랄 프: (당황하여) 저는 온갖 욕설을 퍼부었습니다. 제 자신이 분개하고 있음을 깨달았을 때 아내에게 더 이상 그 문제에 관해 이야기하고 싶지 않다고 말했지요. 나중에 그 문제에 관해서 조용히 대화를 가지려고 했습니다. 그러나 아내는 계속해서 거부의 이야기를 하더군요.
  상담자: 그 때 화를 버럭 내셨군요. 카렌 씨가 모유를 먹이는 것에 관해 품었던 두 번째 생각은 무엇이었습니까?
  랄 프: 아내는 모유를 먹이게 되면 자신의 몸이 상할 것이라고 말하더군요. 그것은 우리의 아이를 위해 올바른 일을 하는데 들어맞지 않는 사소한 것에 불과합니다. 잠시 동안 그녀가 받을 그 상처에 대해서 생각해 보았습니다. 그다지 오래 걸리지는 않았습니다. 그녀는 전에 모유를 먹여 본 적이 없습니다. 아내가 무슨 일이 일어날 지 어떻게 알겠습니까? 저도 아내가 가슴을 아름답게 유지할 수 있는 일이라면 무엇이든지 협력할 수 있습니다. 그러나 아내도 곧 모유를 먹이는 데 익숙해 질 것입니다. 하지만 아내는 모유를 먹이고 싶지 않다고 계속해서 고집을 부리고 있습니다.
  상담자: 당신은 또 화를 냈습니까?

랄 프: 아닙니다. 저는 화를 내지 않았습니다. 저는 "내 동의 없이 함부로 결정을 내리지 말아요. 우리의 아기도 나와 똑같은 것을 원하고 있을 거예요. 그리고 나도 결정을 내릴 권한이 있어요."라고 말했습니다.

카렌 씨가 한 말과 그가 격분하여 그녀에게 욕설을 퍼부은 것 사이에는 어떤 관계가 있었다. 그가 들은 말을 살펴보면서 카렌 씨에 대한 그의 반응에 대해 점차적으로 대화를 나누게 되었다. 나는 카렌 씨에 대한 랄프 씨의 반응을 충분히 살펴보았다는 생각이 들어 카렌 씨에게로 대화를 돌렸다. 나는 랄프 씨가 모유를 먹이는 것에 관한 카렌 씨의 생각에 어떻게 접근하는지 지켜볼 필요성이 있다고 생각했다. 나는 이렇게 함으로써 카렌 씨가 자신의 감정을 솔직히 털어놓고 랄프 씨가 이것을 자유롭게 들을 수 있기를 기대했다.

카 렌: (거의 울음 섞인 목소리로) 저는 결심을 하는데 별 생각도 못했어요. 단지 선택일 뿐이었지요. 저는 모유를 먹이는 데 있어서 개방적이고 싶었어요. 제가 들은 바에 의하면 모유를 먹이는 것은 기쁜 일이기도 하지만 몸을 망치는 일이기도 해요. 모유를 안 먹인다고 해서 자식을 사랑하지 않는다는 남편의 말은 생각해 볼 가치도 없어요.
상담자: 당신은 서운하셨군요.
카 렌: 예, 저는 항상 사랑으로 아이를 돌보아 왔어요. 그런데 남편은 모유를 먹이는 것이 몸에 얼마나 해가 되는지, 알지도 못하면서 저는 모유를 먹이려 하지 않는다는 이유로 아이를 사랑하지 않는다는 그의 말에 큰 상처를 받았어요.

상담자: 아직도 마음에 상처가 남아 있습니까?
카 렌: 예, 그래요. 저는 제가 아이를 사랑하지 않는다는 그의 말을 깊이 생각할 필요도 없다고 보고 염두에 두지도 않았어요. 그건 말도 안되는 소리니까요. 저는 이 아이를 계속해서 돌보아왔고 의사가 말한 대로 모든 것을 해주고 있어요. 저는 옳은 일을 하려고 노력하고 있어요. 저도 모유를 먹이고 싶어요. 하지만 몸이 많이 상한다면 다른 방법을 택해야 하잖아요.
상담자: 당신은 아이를 망치게 하려는 것이 아니라, 아이에게 모유를 먹이는데 있어서 좀 더 현실적인 면을 생각해 보자는 것이지요?

카렌 씨와는 모유를 먹이는 것에 관계된 좀 더 현실적인 문제에 대해 대화를 나누었다. 나는 랄프 씨를 끼어들게 하고 싶지 않았다. 왜냐하면 서로 마음의 깊은 상처를 받을 수도 있었기 때문이었다. 대화가 중반쯤 접어들자 카렌 씨는 모유를 먹이는 것에 대한 자신의 솔직한 심정을 털어놓았다.

카 렌: (랄프 씨에게) 당신은 저에게서 젖이 나오리라고 생각해요?
랄 프: (매우 신경질적이고 흥분된 목소리로) 나는 지금까지 아이가 당연히 먹어야 할 젖을 당신이 버리려 한다고 말해 왔소.
카 렌: 그래요, 하지만 아이에게 충분한 젖이 나오지 않을거에요.
상담자: 지금 막 중요한 내용이 나온 것 같습니다. 카렌 씨는 자신이 모유를 먹이는데 부적격하다고 생각할 수도 있습니다.
카 렌: 사실이에요. 제가 건강 유지를 위해 노력해 왔다고 확

신해요. 하지만 아이를 낳은 후에도 임신했을 때처럼 계속해서 힘들고 역겨운 규정식을 해야 돼요. 그렇게 하려면 먹는 모든 음식에 신경을 써야 하고 식사 습관도 조절해야 만 해요. 저는 이런 행동을 아홉 달 동안 해 왔어요. 하지만 더 이상 모유를 먹이기 위해 이런 행동을 하는 것은 무리예요.

상담자: 당신은 임신 기간 동안의 조심스러운 생활에 지쳐 있군요.

  카렌 씨의 감정에 주의를 기울이려는 나의 노력으로 카렌 씨는 임신 기간 동안의 규정식에 지친 자신의 감정을 파악하게 되었고 그것을 좀 더 분명하게 표현할 수 있었다. 이렇게 표현한 후에 그녀는 기분이 한결 나아졌고 남편 앞에서 그의 즉각적인 반격 없이 자신의 솔직한 감정을 파악하게 되었다.

  랄프 씨의 침묵을 통해서 카렌 씨가 그녀의 솔직한 감정을 표현할 때 그의 심기가 불편하다는 것을 느낄 수 있었다. 나는 모유를 먹이는 것에 관한 카렌 씨의 생각을 들을 때 랄프 씨가 거북해 하는 것 같다고 말하면서 마음에서 일어나는 감정을 솔직히 털어놓으라고 말했다.

  랄프 씨는 카렌 씨가 모든 것을 두려워하는 데 싫증이 났다면서 말을 꺼내기 시작했다. 그는 그녀가 너무 과도하게 자신의 건강에 대해 신경을 쏟는다고 생각했다. 나는 랄프 씨에게 카렌 씨가 자신의 감정을 표현할 때 어떻게 해서 그러한 생각을 하게 되었는지 물었다. 그는 그녀가 자신의 고통과 부적격함에 초점을 두고 있다고 말했다. 랄프 씨는 그녀를 편안하게 대해 주려고 노력했지만 계속해서 이러한 이기적인 불만이 나타나자 그녀를 지지하고 편안하게 대해 주는 것이 어렵다는 것을 알았다. 그는 카렌 씨에 대한 인내심이 한계에 이르렀기 때문에 그녀가 너무 자주 불안감을 보일 때 욕설을 퍼붓게 되었다고 밝혔다. 즉 그가 말로써 카렌 씨를 공격할 때는 그녀의 이기적 불만에 대한 인내심을 잃었을 때였다.

대화는 랄프 씨가 카렌 씨의 불안정에 대한 인내심을 잃었을 때 그녀를 대하는 다른 방도를 찾는 방향으로 흘러갔다. 가장 기본적인 목표는 그가 그녀의 감정을 바꾸려고 하지 않고 있는 그대로 받아들일 수 있도록 돕는 것이었다. 그는 카렌 씨의 불안감을 바꿀 수 없음을 서서히 깨닫기 시작했고 그녀가 불안감에 시달리고 있을 때 그 감정을 받아들이는 법을 좀 더 이해하게 되었다.

카렌 씨는 자신이 그 동안에 얼마나 자주 불안감을 표현해 왔는가를 깨닫게 되었고 이것에 대해서 조심해야겠다고 다짐하는 것 같았다. 그녀는 랄프 씨가 자신의 불안감에 대한 책임이 있다고는 생각하지 않았음을 밝혔다. 자신이 그 문제를 해결해야 한다는 것을 깨달았다. 그러나 카렌 씨는 랄프 씨가 인내심을 잃고 자신을 공격하는 것을 결코 바라지 않았다. 카렌 씨와 랄프 씨, 모두가 모유를 먹이는 문제에 관해 얼마나 자신들의 공격과 퇴각의 형태가 두드러지게 나타났는가를 깨닫기 시작했다.

공격과 퇴각의 형태를 파악하려는 목표를 향해 나아가는 데 도움이 되었던 몇 가지 상담 전략이 있었는데 첫 번째는 그들의 이러한 행동을 야기시키는 원인이 되는 감정에 주시하는 것이었다. 또한 카렌 씨가 자신의 감정을 표현할 때 랄프 씨가 어떻게 반응을 보이는가에 대해서도 관심을 두었다. 나는 상대방이 갈망하는 것에 주의를 기울인다는 것이 무엇인지 그 구체적 답안을 보여주기 위해 한 사람이 감정을 표현할 때 다른 사람이 방해하지 못하도록 했다. 이렇게 다른 사람의 감정에 주의를 기울임으로써 적절한 시기에 자신들의 행동 양식을 살펴볼 수 있는 분위기를 자연스럽게 조성할 수 있었다.

여러 차례의 상담을 거치는 동안 랄프 씨가 동정심을 갖고 카렌 씨를 대하는 것은 매우 기대하기 어려운 일이었으나 다른 사람의 감정에 주의를 기울이기 위한 노력이 결코 헛된 것은 아니었다. 카렌 씨는 상담 후에 랄프 씨가 자신을 이해해 주고 보살펴 주는 정도가 날마다 조금씩 늘어나고 있다고 말했다.

이 대면에서 인식 모델이 즉시 명백해진 것은 아니었다. 심각한 감정과 문제에 직면했던 이 어려운 대화를 끝마치고 나서야 인식 모델이 비로소 명백해진 것이다. 모유를 먹이는 것에 관한 논란은 두 번 다시 일어나지는 않았다. 아기가 태어났을 때, 그녀는 아무 불평 없이 즐겁게 모유를 먹였다. 내가 지금까지 일어났던 일에 대해 철저하게 파헤쳤을 때 그들은 앞으로 큰 문제가 없을 것이라고 말했다. 상담자인 내가 그들에게 하나님께서 역사하시는 것을 보았는가에 대해 질문했을 때 그들은 하나님의 역사를 체험할 수 있었다고 말했다. 그들은 매일 함께 하나님께 기도를 드리면서 모유를 먹이는 것에 관한 내용을 말씀드렸다고 밝혔다. 랄프 씨는 이 기도를 통해서 자신이 좀 더 인내심을 기를 수 있었다고 했으며 카렌 씨는 불안감을 덜 느끼게 되었다고 말했다. 그러나 그들은 그 문제에 관한 어떤 해결책에 도달하기 위해서 상담에서 열린 마음으로 자신들의 솔직한 감정을 표현해야 했다고 밝혔다.

기도에 대한 토론은 공격과 퇴각의 태도가 반복되고 있을 때 드리던 기도의 주요 형태였다. 기도에 대한 논의는 특정한 문제에 대해서 어느 정도 진전이 이루어진 뒤에 특별하게 행해졌다.

주의를 끄는 것은 카렌 씨와 랄프 씨의 결혼 생활에서 한 가지 문제가 풀리면 또 다른 문제에서 공격과 퇴각의 태도가 다시 나타난다는 것이라는 사실이었다. 또 다시 서로의 감정에 예민하게 주의를 기울이고 서로에게 적절한 태도를 취하려는 상담 과정이 진행되었으며 해답을 찾으려는 노력도 계속되었다. 그러나 점차적으로 그들은 어떻게 해서 이러한 공격과 퇴각의 태도가 또 다른 문제와 관련하여 발생되는가를 깨닫게 되었다. 그들은 서로간의 태도를 인식하고 그 태도가 고치기 힘들만큼 너무 멀리까지 가지 않도록 자제하는 정도에 이르고 있었다. 그들 각각은 자유로운 대립의 관계에서 서로의 부정적인 생각에 대응하는 법 뿐만 아니라 자신의 행동에 책임을 지는 것을 배우고 있었다.

목표 2 - 차이점의 인정과 수용

두 번째 목표는 랄프 씨와 카렌 씨가 서로의 차이점을 인정하고 유일한 존재로서의 독특성을 인식하도록 돕는 것이었다. 어떻게 카렌 씨와 랄프 씨가 서로의 차이점을 인식할 수 있게 되었는가 하는 문제는 그들의 서로 다른 종파적 환경의 문제와 관련해서 살펴볼 것이다.

상담의 초기에 랄프 씨와 카렌 씨가 매우 다른 환경의 교회에서 성장했다는 사실이 긴장과 갈등의 원인이 되고 있었다. 랄프 씨는 매우 형식적 예배 의식에 열심히 따르는 교회에 출석했으며 성만찬을 강조하는 종파에서 성장한 반면에, 카렌 씨는 그다지 형식에 얽매이지 않는 교회에서 신앙 생활을 했다. 랄프 씨와 카렌 씨 모두가 자신들이 다니던 교회의 사람들에게서 편안함을 느꼈고 익숙해진 분위기 속에서 예배드리는 데서 평안함을 얻었다. 그들이 다른 사람의 예배드리는 방식을 자신의 것에 따르게 하도록 고집을 부리는 데서 중대한 문제가 생기고 있었던 것이다.

상담을 시작한 지 세 달이 다 되어 갈 무렵 카렌 씨와 랄프 씨는 서로의 독특한 예배 방법에 대해 새로운 평가를 내리기 시작했다. 아래의 대화 내용을 통해서 그들이 서로의 차이점을 받아들이는 데 도움이 되었던 요인들에 대한 실마리를 얻을 수 있을 것이다.

카 렌: 저는 주일에 그가 다니던 교회에 출석했어요. 남편이 저에게 오히려 제가 다니던 교회에 출석해 봤어야 하는데 미안하다고 말하는 것이 매우 듣기 좋았어요. 그래서 저는 교회에 대한 서로간의 문제가 잘 풀리고 있다고 생각했어요.
　　　우리는 약간씩 마음을 공유하고 있으며 교대로 서로가 다니는 교회에 나가기로 했어요. 우리는 점점 더 서로 타협을 볼 수 있을 것 같았어요. 남편이 전보다 좀 더 많이 이해해 주기 때문에 좋았어요. 교회 문제가 모두 해결될 것이라고 말할 수는 없지만, 저희 부부에게 이 문제는 더 이상 그리 중요한 문제가 되지못해요.
상담자: 저는 우리가 상담에 임한 지 얼마 안 되었을 때 이 문제가 얼마나 심각하고 중요했던가가 기억이 납니다. 랄프 씨가 자기 아이를 자기의 종파 규율 안에서 키워야 한다는 법은 세상에 없다고 말하던 때도 기억이 납니다. 저

는 그 때 이러한 문제가 어떻게 해결될지 궁금했습니다.
카 렌: 저도 그 때가 생각나요. 어느 날 남편은 경찰에 검문을 받게 되었는데 때 마침 운전 면허증이 없어서 경찰서에서 기다리게 되었습니다. 남편이 제게 전화를 해서 제가 남편의 운전 면허증을 가지고 경찰서로 갔지요. 남편은 그 날 정말로 화가 났고 몹시 신경질 적이었어요.
상담자: 지금 그 문제에 대한 당신들의 대립이 점차로 줄어들고 있습니까?
카 렌: 우리는 지금 함께 노력하고 있어요. 함께 예배드리는 것을 좋아하게 되었지요. 우리는 점점 더 많이 타협을 보고 있어요. 저는 제가 다니는 교회에 계속해서 나가고 싶어요. 그이도 마찬가지지요. 우리는 지금 이 순간이 매우 평안합니다.
상담자: 처음 상담실을 찾아왔을 때와 지금 이 순간의 변화를 비교해 볼 때 하나님께서 얼마나 역사를 하셨다고 생각하십니까?
카 렌: 그다지 결과는 시원치 않았어요. 저는 이처럼 특별한 일에 고집을 부리지 않기로 마음먹었습니다.
상담자: 한 걸음 물러서겠다는 말입니까?
카 렌: 저는 아기가 태어나기 전에 모든 일이 잘 해결되기를 기도드렸어요. 또한 한 가족으로서 우리가 함께 예배를 드릴 필요가 있다는 결론을 내리게 되었지요. 저는 기다리려고 노력하고 있어요. 그리고 모든 일들이 자연스럽게 그냥 진행되도록 관여하지 않으려고 노력 중이에요. 정말로 제가 무엇을 해야 할지 모르겠어요. 오직 하나님만 믿고 기다릴 뿐이에요.
상담자: 저도 처음 이런 문제를 접하게 되었을 때 어떻게 도와야 할지 몰랐습니다. 또한 이렇게 복잡한 문제가 어떻게 해결될 것인지도 정말 궁금했습니다. 랄프 씨, 당신은 계속해서 침묵하고 있군요. 카렌 씨와 저의 대화를 어떻게 생각하십니까?

랄　프: 아내가 기도하는 동안 저 역시 마찬가지로 기도를 드리고 있었습니다. 무엇을 해야 할지 몰랐습니다. 왜 하나님께서 우리가 결혼을 하도록 인도하셨는지 궁금했습니다. 하나님께서는 우리를 함께 있도록 인도하셨습니다. 저는 아내가 교회에서 하는 일들을 인정할 수 없었습니다. 잠시 후, 저는 아내가 교회에서 일을 하는 것은 그 일이 그녀에게 중요하기 때문이며 제가 방해가 되어서는 안된다는 결론을 내리게 되었습니다. 여러 가지 직업을 바꿔 보고도 제가 하고 있는 일에 행복감을 느끼지 못하고 제 자신의 영혼을 찾기 위한 어떤 노력을 해 본 후에, 저는 그녀가 행복해지는 것이 중요하다는 결론을 내리게 되었습니다. 기도를 많이 드렸고 제가 불행하기 때문에 아내를 괴롭혀서는 안된다고 생각하게 되었습니다. 오히려 제 자신을 만족시키고 제가 행복해질 수 있는 일들을 시작해야 할 필요가 있었습니다. 저는 저의 모든 힘을 제 일과 학교에서의 목표에 쏟기로 마음먹었습니다.
상담자: 일에 대한 열정을 쏟기로 마음먹은 것 같군요. 당신은 하나님께서 당신들을 함께 보내신 뜻에 방해가 되지 않기로 결심하신 것이로군요.
랄　프: 예, 저는 우리의 구혼이 남들과 어떻게 달랐던가에 대해서 생각해 보았습니다. 우리는 누구도 배우자를 원하지 않던 시기에 만났습니다. 이것 때문에 저는 이 사실이 우리의 관계에 어떠한 영향을 미치는지 고민했습니다. 하나님께서 우리를 함께 보내셨습니다. 그러므로 우리 사이에서 일어난 모든 일들은 그 분이 주관하셨을 것입니다. 이것이 바로 제가 하나님의 역사하심을 믿고 열심히 일하는 이유입니다.
상담자: 당신은 이 결혼 생활이 성공적이 되기 위해 줄 곧 노력하면서 언제나 자신이 혼자만은 아니라고 생각했군요.

내가 해야 할 일은 랄프 씨와 카렌 씨가 이 매우 어려운 문제를 어떻게 해결할 것인가에 대해 재검토하는 것을 돕는 것이었다. 이러한 재검토를 통해서 그들은 실제로 일어났던 일들에 대해 분명하게 말할 수 있게 되었고 그들이 발견한 원인들이 비슷한 문제에서도 공통적으로 발견된다는 사실을 알게 되었다. 기도는 그들에게 매우 중요한 도구였다. 그들에게 있어서 기도는 자신들이 풀 수 없을 것 같은 문제를 풀 수 있도록 하나님께서 역사하여 주시기를 부탁드리는 수단이었다. 그들은 함께 예배를 드리는 부부가 되기 위해 서로가 원하는 것을 충족시키려고 노력했을 뿐만 아니라 서로의 예배 차이를 받아들이기 위해서 노력하기 시작했다.

또한 랄프 씨는 자신의 불행을 카렌 씨에게 책임 지워서는 안 된다는 것을 깨달았다. 그는 카렌 씨와의 결혼이 하나님께서 베푸신 선물이며 이에 대해 하나님께 감사해야 한다고 생각했다. 또한 자신의 일이 잘 안되어서 그에 대한 분풀이로 카렌 씨의 삶을 비참하게 만드는 것이 잘못되었다는 것을 깨닫기 시작했다. 그들 모두가 하나님께서 역사하신다고 인식한 일에 협조하려고 노력하는 것 같았다.

또한 그들은 하나님께서 자신들의 신앙 생활에 역사하심을 깨달았다. 게다가, 하나님께서 그들 사이의 긴장과 갈등을 풀어주시기 위해 역사하시는 일에 적극 협조를 보이고 있었다. 이 상담의 단계에서 목회상담가로서 내가 해야 할 일은 그들이 하나님께서 어떻게 역사하시는가 하는 문제와 그 일에 어떻게 응답할 것인가 하는 문제에 대해 다시 검토하는 것을 돕는 것이었다.

상담자는 그들이 자신들을 위해 역사하시는 하나님을 마음의 중심에 둘 수 있도록 도왔다. 그 결과로 그들은 하나님의 도우심의 역사로 어떤 상황도 헤쳐 나갈 수 있게 되었다. 마침내 그들이 하나님께서 역사하시는 일을 재검토할 때 상담자는 그들이 후에 결혼 생활의 다른 어려운 문제에 직면할 경우 활용할 수 있는 인식 요소들을 내면화하도록 도왔다.

부부 관계에 있어서 하나님의 역사가 그들의 문제를 해결하는 데 있던 것은 아니었다. 오히려, 상담을 통해서 그들이 하나님께서 역사하시는 일에 주목하여 그 일에 적극 협조할 수 있게 하는 데 있었다. 카렌 씨는 하나님께 의지하면서 기다리기로 결심했다. 랄프 씨도 카렌 씨의 독자성을 인정하기로 결심했다. 하나님께서는 그들을 함께 인도하는 데 있어서 랄프 씨보다 뛰어나셨으며 랄프 씨는 하나님의 지력에 방해가 되지 않을 것을 결심했다. 오히려, 랄프 씨는 카렌 씨의 독자성을 인정하고 자신의 직업적인 독자성을 추구하기로 마음먹었다. 카렌 씨는 그가 직업과 학업에서 자신의 독자성을 추구하려는 사실에 안도를 내쉬며 적극 지지하고 나섰다.

간단하게 말해서, 상담의 도움과 하나님 역사의 인식과 하나님의 역사에 협조를 통해 그들은 서로를 차이점과 독자성을 지닌 인간으로서 받아들이게 되었다.

인식 모델의 작용을 통해서, 목회상담자는 랄프 씨와 카렌 씨가 결혼 전, 즉 연애 시절에 문제를 해결해 냈던 능력을 다시 이끌어 낼 수 있도록 도왔다. 상담을 주관하시는 하나님의 역사에 주의를 기울이려는 노력을 통해 그들은 자신들의 부부 관계에서 일어나는 역사를 인식할 수 있었다.

목표 3 – 자신의 이야기의 수정

하나님께서 부부 관계와 그들의 개인적인 삶에 역사하신다는 사실에 응답하는 법을 배우는 것은 그들 부부가 자신들이 결혼에 이르기까지 가져왔던 자신의 이야기를 수정하는 것을 돕는 데 있어서 주요한 요소로 쓰일 수 있다. 랄프 씨는 운명론적인 이야기를 펼쳤다. 그는 결코 자신이 직업적인 목표를 성취하지 못할 것이라고 생각하고 있었다. 이 점에 관해 그는 가족으로부터 어떠한 지지도 받아보지 못했다고 생각했다. 반대로, 카렌 씨는 결코 이롭지 않을 것 같은 성난 사람들에게 자신이 희생당할 운명이라고 생각하고 있었다. 그러나 하나님께서 그들의 관계와 각 개인의 삶에서 역사하신다는 인식을 통해서 그들은 지금까지 자신들이 생각해 왔던 것들을 수정할 수 있는 희망과 용기를 가지게 되었다.

자신의 이야기를 수정하려는 랄프 씨의 노력은 마지막 상담에서 가장 끝부분의 축어적인 말에서 나타난다. 랄프 씨는 하나님께서 자신과 카렌 씨가 함께 살도록 하셨다는 말을 했다. 이러한 이유로 그는 카렌 씨의 직업적 목표나 교육적 목표에 대해 화를 내지 않기로 결심했다. 그는 자신의 직업적 목표와 교육적 목표를 향해 나아가야 할 필요성을 느꼈다. 다음의 상담 발췌문을 통해서 랄프 씨가 자신의 이야기를 수정하는 데 있어 얼마간의 진전을 보였음을 알게 될 것이다.

> 상담자: 당신도 자신의 직업적인 목표를 성취하기 위해 노력하기로 작정했으니 카렌 씨의 직업적인 행복에 대해서 화를 낼 필요가 없습니다.

랄 프: 예, 맞습니다. 제 결심은 저의 특별한 어린 시절과 관계가 깊지요. 제 아버지는 학벌 때문에 열등의식이 많았던 분이셨어요. 아버지는 고등학교를 졸업한 것이 학력의 전부였지요. 제 형님은 지금까지 어떤 특별한 일도 못했습니다. 저는 우리 집안의 이러한 전통적인 남성상을 깨뜨리고 노동자 이상의 사람이 되고 싶었습니다. 제가 받아보지 못했던 지원과 격려로 아들을 키우고 싶습니다.

상담자: 당신의 아버지가 당신을 격려할 만한 자리에 있지 않았다고 생각하십니까?

랄 프: 예, 그렇습니다. 제가 아는 한 고등학교 친구의 부모는 여러 학교에서 그가 낙제한 후에도 대학까지 재정적으로 지원해 주었습니다. 저도 이러한 지원을 받았더라면 지금의 상황은 매우 달랐을 것입니다. 아시아에 다녀오지도 않았을 것입니다. 그러나 저는 군에서 제가 한 일과 배운 것을 자랑스럽게 생각합니다. 이제 적금을 들고 있고 많은 직업 선택권을 가지고 있습니다. 제가 대학을 마칠 때, 동년배의 다른 사람들보다 훨씬 더 폭넓은 직업 선택권을 가지게 될 것입니다. 제가 고등학교를 마쳤을 때, 다른 친구들과는 다른 길을 걷게 되었지만 지금은 모두 괜찮습니다.

상담자: 아버지가 당신이 걸어간 길에 영향을 미치지 않았습니까?

랄 프: 예, 간접적인 영향을 미쳤습니다. 과거를 돌이켜보면 저는 아버지의 도움을 원하지 않았습니다. 아버지는 우리가 자신에게서 모든 것을 얻었다고 생각하셨습니다. 우리는 재정적으로 그 분에게 짐이 될 뿐이었습니다. 저는 그 분에게 의지하고 싶지 않았었고 18세가 되던 해에 집을 떠나 버리고 말았습니다.

상담자: 당신이 걸어 온 삶을 아버지와 관련지어 재평가하고 있는 것 같군요. 그는 당신이 집을 떠나려고 할 때 허락함으로써 당신의 부탁을 들어주었을 수도 있습니다.

랄 프: 예, 그것은 사실입니다. 그러나 저는 집을 떠나고 싶었습니다.

하나님께서 역사하신다고 생각되는 일에 응답을 하는 과정에서 랄프 씨는 자신이 지녀왔던 개인적인 이야기를 수정하기 시작했다. 그는 다른 시각으로 자신의 과거와 자신이 선택했던 길을 보기 시작했다. 자신이 선택을 내렸고 자신의 힘으로 모든 길을 걸었다는 것을 깨닫기 시작했다. 누구를 원망할 일이 아니었다. 그래서 자신이 했던 일들이 애초부터 하기로 운명지어져 있던 것이 아니라는 것을 깨닫게 되었다. 오히려, 결심을 굳혔다. 게다가, 집을 떠나려 했을 때와 마찬가지로 자신의 미래가 열려져 있다는 것을 깨닫게 되었다. 그러므로 하나님께서 자신의 삶에 역사하신다는 것을 깨닫게 되었을 때 그는 과거에 대해 좀 더 현실적인 면을 보게 되었다. 자신이 하나님께서 역사하시는 일에 응답하고 협조하는 한 자신의 미래가 열려져 있다는 것을 알게 되었다.

카렌 씨는 자신의 개인적 목표를 달성하려는 랄프 씨에게서 그의 성장과 발전을 볼 수 있었고 어떻게 그가 그녀의 독자성을 인정하게 되었는가를 알게 되었다. 이것을 통해서 그녀 역시 마찬가지로 자신의 개인적인 이야기를 쉽게 수정할 수 있게 되었다. 그녀는 자신이 목표를 달성하는 데 실패해서 성난 남성과 함께 살도록 운명지어지지 않았다는 것을 깨달을 수 있었다. 더 이상 랄프 씨의 성질에 대해 걱정해야 할 필요가 없다는 것을 느끼기 시작했다. 랄프 씨가 이제는 자신의 성질에 대한 책임을 질 것이라고 확신하면서 카렌 씨는 자신이 지녀왔던 이야기를 뒤로하고 자유로운 몸이 되었다.

목회상담자로서 내가 해야 할 일은 그들이 자신들의 개인적인 이야기를 수정할 때 힘과 용기를 북돋아 주는 것이었다. 그들은 나의 지나친 조정 없이도 스스로 이 과정을 잘 수행해 가는 것 같았다. 또한 그들의 삶에서 일어나는 하나님의 역사를 좇으려 노력하면서 자신들의 개인적인 이야기를 수정하는 기술을 배웠다. 개인적인 이야기를 수정하는 것이 곧 하나님의 인도하심에 응답하는 데 있어서의 그들의 성장을 의미하는 것 같았다. 공격과 퇴각의 형태를 바꾸고 서로의 차이점과 독특성을 인정하게 된 것은 그들의 염세적인 인생관을 바꾸는데 도움이 되었다.

목표 4 - 부부 관계에 대한 도움

상담의 마지막 목표는 그들이 부부 관계에 대한 이야기를 수정하는 것을 돕는 것이었다. 그들은 혼전에 성 관계를 금했던 점과 헌신적인 신앙 생활을 했다는 점에 근거를 두어 결혼 생활에 대한 이상적 견해를 가지고 결혼을 하게 되었다. 그들은 자신들의 혼전 행동이 결혼의 성공을 보장해 줄 것이라고 믿었었다. 다시 말해서 그들의 결혼에 대한 믿음은 "우리가 혼전에 순수하기만 하면, 결혼 생활에 어떠한 고난과 고통도 없을 것"이라는 생각이었다. 그러나 이러한 기대는 결혼식을 올린지 얼마 되지 않아서 산산이 부서지고 만 것이다. 그들은 함께 만족스러운 삶을 누릴 수 있도록 새롭고 좀 더 현실적인 결혼관을 재정립할 필요가 있었다.

여기 제시된 대화의 내용을 통해 랄프 씨와 카렌 씨가 혼전에 품고 있었던 비현실적 기대로부터 결혼 생활의 만족을 얻을 수 있는 좀 더 현실적인 결혼관으로 전환하게 되었다는 것을 알게 될 것이다. 좀 더 정확하게 말하자면, 이 대화의 내용을 통해서 그들이 결혼 생활에 대한 비현실적인 기대를 수정하고 있다는 것을 알 수 있을 것이다.

카 렌: 저는 결혼 생활에 대한 꿈과 이상을 품고 살아왔어요. 연애 기간 중에 우리가 교회에서 주관하는 각종 봉사 활동에 참여했을 뿐만 아니라 성경 공부도 열심히 하고 헌신적인 신앙 생활을 했기 때문에 결혼 후에도 이러한 모든 일들을 잘 해 나갈 수 있으리라고 생각하고 교회 출석은 계속되었지만 성경 공부와 각종 봉사 활동들은 그만두게 되었지요.

상담자: 연애를 하던 때와 결혼을 한 지금 사이에 일어났던 변화에 대해서 어떻게 생각하십니까?

카 렌: 하나님께서 랄프 씨가 좀 더 인내심을 가지고 성장할 수 있도록 역사하시면서, 동시에 저도 인내심을 가지고 성장할 수 있도록 역사하신다고 생각해요. 하지만 연애를 하던 때와 결혼을 한 지금 사이에 일어났던 일들에 대해서 정확하게 말할 수는 없어요. 더 많이 생각해봐야 할 문제입니다.

상담자: 연애를 하던 때와 결혼을 한 지금 사이에 달라진 점이 있습니까?

카 렌: 연애를 하던 때에는 화가 나면 어디론가 멀리 떠나 버린다든지, 서로 말을 안하면 그만이었지만 결혼을 한 지금에는 가정에 묶여서 그 일을 헤쳐 나가야만 하지요. 부담감은 점점 더 커져 가고 어떤 행동을 취할 때 두 번 생각하게 되지요. 또한 현실적인 면을 많이 보게 된답니다. 결혼 전에는 겨우 부분적인 면만을 보고 모든 것을

이상적으로 생각하게 되지만 결혼을 하고 난 다음부터는 갑자기 문제의 현실적인 면을 바라보게 되고 그것을 해결하기 위해 노력을 하게 되지요.

상담자: 결혼을 하기 전에 당신은 결혼에 대한 이상을 품고 살았습니다. 즉 성경 공부를 통해서 혼전 순결에 근거해 이러한 이상을 꿈꾸었습니다. 그러나 혼전 순결이 결혼 생활의 성공을 보장하지는 못하지 않았습니까?

카 렌: 예, 맞아요. 저는 모든 일이 잘 될 것이라고 생각했기 때문에 이러한 일에 대해서 걱정할 필요가 없다고 생각했었어요. 결혼을 하면 모든 일들이 순조롭게 이루어질 것으로 믿었어요. 하지만 항상 그렇게 순조롭게 돌아가지는 않았어요.

상담자: 모든 일들이 항상 즉각적으로 이루어지는 것은 아닙니다.

카 렌: 확실히 그래요. 모든 문제가 결국에는 제대로 풀리겠지요. 적어도 지금 저는 이러한 사실을 확신하기 시작했어요.

상담자: 그렇게 하는 데에는 많은 노력이 필요할텐데요.

카 렌: 맞는 말이에요. 그러나 때때로 항상 열심히 일만 하고 싶지는 않다고 생각을 하게 될 거예요. 모든 일을 될대로 되라고 내버려 둘 수도 있지요. 때때로 우리는 이렇게 열심히 일할 필요가 있을까라는 생각을 하게 되지 안습니까?

이번 상담에서 나는 상담을 통해 얼마나 그들의 비현실적 결혼관이 바뀌게 되었는가를 직접적으로 살펴볼 수 있었다. 그들이 예전부터 지녀왔던 결혼관이 바뀌었다는 것과 모든 일들이 자신들의 뜻대로 다 이루어지는 것이 아니라며 각성하고 있다는 것을 느낄 수 있었다. 대화를 나누면서 카렌 씨는 그들의 관계에 좀 더 현실주의를 향한 변화가 있었다는 데 동의했다. 또한 랄프 씨도 실질적인 변화가 있었음과 결혼 생활에서 반드시 직면해야 할 문제를 피할 방법은 없다는 사실을 확인하게 되었다.

상담자가 내담자들이 설정된 목표를 향하여 나아가는데 있어서 일어난 변화를 확인하는 것을 돕는 일은 매우 중요한 일이다. 이러한 작업을 통해 내담자들은 목표를 향해 걸어온 자신들의 자취를 명백하게 볼 수 있게 된다. 더 넓게 보면 이러한 작업을 통해 설정된 목표를 향해 나아갈 수 있고 또 새로운 목표를 설정할 수도 있게 된다. 내담자들은 또한 자신들이 목표를 향해 충분한 진전을 보았다고 결론을 내리고 마무리 단계에 돌입할 수도 있다. 랄프 씨와 카렌 씨는 목표를 향해 진전을 보았다고 생각은 했으나 그것에 대한 인식이 부족하다는 결론을 내렸다. 그들은 상담을 끝내거나 다른 목표를 설정하기 전에 결혼 생활에 대한 현실적 안목과 인내심을 더 키울 필요가 있다고 생각했다.

또한 변화를 확인하는 것은 그 부부가 하나님께서 자신들의 관계에 역사하시고 계신다는 것을 인식하는데 도움이 되었다. 카렌 씨는 여러 가지 어려움에도 불구하고 자신들에게 관계된 일들이 잘 되어가고 있다고 말했다. 나는 그 일들을 더 잘 해결하기 위해서는 더 많은 노력이 필요하다고 대답했다. 이렇게 서로 대화를 주고받는 과정에서 좀 더 현실적인 결혼관이 형성되기 시작한 것이다. 카렌 씨는 가정에 묶여서 모든 일들을 헤쳐 나가야 한다고 말했다. 상담의 후반부에 카렌 씨와 랄프 씨는 결과가 어떻게 될지 모르는 상황에서도 하나님께서 그들이 일을 잘 감당할 수 있도록 역사하신다는 것을 어떻게 알 수 있을까 하는 문제에 대해서 토의를 했다. 그러나 그들은 하나님의 역사하심으로 결국

긍정적인 결말을 맞게 될 것이라는 데 의견의 일치를 보았다.

하나님의 역사하심을 인식하고 현실적 가치를 확인하는 것은 결혼에 대한 새롭게 수정된 개념을 정립시키는 데 도움이 된다. 그들의 새로운 결혼관은 "결혼 생활은 어렵다. 그러나 하나님의 인도하심과 자신들의 피나는 노력으로 결국에는 모든 어려움을 극복할 수 있을 것이다."라는 것이었다. 사람을 지명하는 것은 앞으로 더 많은 상담을 통해 더 많은 소득을 얻기 위한 방향을 제시하는데 도움이 될 뿐만 아니라 지금까지 이루어진 진전을 확인하는 데에도 도움이 된다.

랄프 씨는 새롭게 수정된 결혼관을 확인하고 확립하게 되었다. 또한 즉시 모든 일이 이루어지기를 바라던 자신의 태도를 반성했다. 또 그는 현실적인 문제에 직면하게 될 때 카렌 씨에게 따뜻하게 대해주고 함께 있어주는 것이 중요하다는 것을 배우고 있었다. 그는 카렌 씨가 갈망하는 것을 들어주는 한편 그녀에 대한 욕설을 자제하기로 마음먹었다. 더 원만한 부부 관계를 만들기 위한 일환으로 자신의 욕구불만을 처리하는 데 있어 충분한 책임을 지기로 마음먹었다. 간단히 말해서 그는 자신의 기대에 미치지 못했다 하더라도 정신적으로 만족하는 법을 배우고 있었다.

결혼 생활 상담에서 인식 모델의 세 번째 단계의 궁극적인 목표는 개인적인 이야기와 부부 관계에 대한 이야기를 수정하고 좀 더 쉽게 문제를 해결할 수 있는 관련 기술을 습득하는 것이다. 성장을 방해하던 이야기를 수정함으로써 문제 해결의 기술을 쉽게 발견해 개인의 성장 뿐만 아니라 부부 관계의 성장도 가져올 수 있다. 게다가, 그렇게 함으로써 자신들을 치유하여 완전하게 하시려는 하나님의 역사에 협조하는 것을 저해하던 주요한 방해물들을 제거할 수 있다. 이러한 사실은 랄프 씨와 카렌 씨에게도 점점 더 명확하게 드러났다. 그들은 상담을 통해 문제 해결 능력을 키우고 있었을 뿐만 아니라 개인적인 이야기와 부부 관계에 대한 이야기를 수정하는 법을 배우고 있었다. 서로가 갈망하는 것에 응답하기 위해, 하나님의 역사를 인식하고 협조하기 위해, 상담 시간 외에도 서로를 이해하고 수용하기 위해, 그들은 인내를 배우고 있었다.

 인식 모델 세 번째 단계의 후반부에서 상담을 마무리 짓자는 결론을 내리게 되었을 때 설정했던 목표들을 다시 한 번 재검토했다. 상담이 막바지 단계에 이르고 있을 때면 나는 초기에 설정했던 목표를 재검토하기 위해 정기적으로 그것들을 떠올리곤 했다. 게다가, 목표를 상기시킴으로써 내담자들이 하나님께서 그들의 관계에 역사하심을 어떻게 가시화 하는가를 살펴보는 기회를 얻게 되었다. 목표를 상기시킨 후에는 종종 기도를 드리게 된다. 카렌 씨와 랄프 씨가 목표를 달성하기 위해 보였던 진전을 재평가하는 것을 도운 후에 대화는 하나님께서 상담에 어떻게 관여하셨는가에 대해 재음미를 하는 방향으로 전환되었다. 우리가 대화를 나누면서 많은 기도를 드렸기 때문에 하나님께서 그들의 관계에 어디에서 역사하셨는가를 살펴보는 것은 자연스럽고 쉬운 일이었다. 아래의 마지막 상담 내용 발췌문에는 다섯 달에 걸쳐서 카렌 씨와 랄프 씨가 얼마만큼의 목표를 달성했는가를 살펴보았으며 내가 드린 기도도 포함되어 있다.

   상담자: 당신들의 문제를 다루는 데 있어서 몇 가지 실질적인 진전을 보는 것 같습니다.
   랄 프: 예, 사실입니다. 저는 모든 일이 제가 원하는 대로 정확

하게 이루어지는 것이 아니라는 것을 깨달았고 인내심을 배우면서 먼 길을 걸어왔습니다.
카 렌: 저도 역시 먼길을 걸어왔는데 지금은 희망에 부풀어 있답니다.
상담자: 기도를 드리고 이 상담을 마치는 것이 어떻습니까?
카렌과 랄프: 좋습니다.
상담자: 하나님 아버지, 이들 부부를 위해서 기도드립니다. 이들이 서로 의지하며 살아가게 하옵소서. 또 하나님께 의지하고자 하는 마음을 주시기를 원합니다. 이제까지 하나님께서 이들의 삶을 인도하여 주시고 변함없이 함께 거하여 주실 것을 믿고 감사드립니다. 이들이 살아가면서 부딪친 여러 가지 어려운 문제들을 해결할 수 있도록 도와주시니 감사드립니다. 이들이 삶을 영위하면서 점점 더 큰 만족감을 얻을 수 있도록 도와주시기를 바랍니다. 우리를 치유하시려고 하나님께서 끊임없이 펼치시는 노력에 자신의 모든 것을 맡기게 하옵소서. 건강한 아이를 그들에게 주시니 또한 감사드립니다. 우리의 삶에 항상 영광스러운 존재로서 거하시는 하나님께 우리가 응답할 수 있도록 능력 주시기를 부탁드립니다. 예수 그리스도의 이름으로 기도드립니다. 아멘.

5. 요 해

여기에서는 결혼 상담의 인식 모델의 세 번째 단계를 살펴보았다. 결혼 생활에 치유와 완전함을 주시려는 하나님의 역사를 인식하는 데 강조를 두었다. 이번 상담에서의 첫 번째 목표는 그 부부가 일관된 형태로 서로에게 반응을 보이도록 돕고 각 배우자가 서로에게 보인 반응에 책임을 질 수 있도록 돕는 일이었다.

두 번째 목표는 서로의 차이점과 독자성을 인정하도록 돕는 것이다. 세 번째 목표는 각 배우자가 지금까지 지녀왔던 이야기를 살펴보도록 돕는 것이다.

그들의 결혼 생활과 개인적인 삶에서 일어나는 하나님의 역사에 조화될 수 있는 좀 더 현실적인 이야기를 확립하기 위해 결혼 생활에 대한 이야기 뿐만 아니라 개인적인 이야기를 수정하는 데 중점을 두었다. 또한 기도를 드리면서 내담자들이 하나님께서 그들의 개인적인 이야기나 결혼 생활에 대한 이야기를 수정하고 서로에게 반응하는 태도를 수정하기 위해 어떻게 역사하시는가를 인식하도록 도왔다.

상담자는 주로 각 배우자의 감정과 그들이 갈망하는 것에 주의를 기울이기 위해 노력했다. 그리고 기도는 그들의 목표를 달성하는 데 중요한 역할을 했다. 기도를 통해서 상담자는 내담자들에게 하나님께서 그들의 관계에 역사하신다는 것을 항상 주지시킬 수 있었다. 하나님의 역사를 인식하는 것은 그들이 개인적인 이야기와 부부 관계의 이야기를 수정하는 데 도움이 되었다. 상담자는 이러한 수정 작업을 인도하며 그들을 도와주었으며 그들이 상호간의 태도와 삶에서 일어난 변화를 검토하고 명확하게 말할 수 있도록 도와주었다. 그리고 목표를 성취하기 위해 걸어온 그 동안의 행적을 살펴보면서 그들과의 상담을 끝마치게 되었다.

결 론
성숙한 삶을 위한 열린 마음을 기대하며

　본서의 목표는 고난을 받는 가운데에서도 기쁨과 감사를 할 수 있는 건강한 사람으로 살아가는 것을 돕는 데에 있다. 다른 내담자들과 마찬가지로 카렌 씨와 랄프 씨는 자신들에게는 절대로 고난이라는 것이 찾아 오지 않을 것이라는 비현실적인 허상주의를 가졌었다. 그런데 실제로 고난을 겪는 가운데에서 희망을 잃지 않고 현실적이고 실제적인 성장을 보이게 되었다. 실제로, 하나님께서 고난을 받는 중에서도 역사하셨기 때문에 치유가 가능했던 것이다. 고난을 받는 중에 일어나는 하나님의 역사가 인식되어지고 나서야 비로소 치유가 가능해졌다. 고난을 받는 중에 일어나는 하나님의 역사에 대한 인식과 그것에 대한 협조, 또한 이러한 모든 일들에 방해가 되는 감정적인 장애나 대인 관계의 장벽 등을 제거하는 일은 목회상담에서 다루어야 할 주된 골자가 되는 것이다. 기도는 이 과정에서 중심적인 역할을 수행한다. 또한 내담자들에게 성장을 촉진시킬 수 있는 역할을 확립하는 것도 치유를 위한 필수적인 요소가 되었다. 실제로 고난을 받는 중에도 치유는 계속되고 있다.

　지금까지 일례를 들어 보였던 이 세 가지 형태의 상담에서 인식 모델이 어떠한 작용을 했는가에 대해 살펴보면서 얻은 중요한 발견은 목회상담의 인식 모델을 통해서 내담자가 주어진 환경을 제대로 인식할 수 있었다는 사실이었다. 상담이 인식의 기초 위에서 진행될 때, 내담자는 자기 자신에게 "하나님께서 우리의 마음 어디에서 역사하시고 계시는가?"라고 묻기 시작했다. 또한 하나님께서 이에 대한 해답을 주시리라 기대하고 성령의 역사에 순응하고 협조하려고 노력하기 시작했다. 그 결과로 그들은 서로에 대한 감정이입 뿐만 아니라 다른 사람에 대한 감정이입을 포함하여 좀 더 심리적인 기술과 함께 그들의 문제를 해결할 수 있는 중요한 기술을 배우게 되었다. 이 책을 쓰면서 내담자들이 문제 해결의 기법을 발견하고, 그것을 습득할 수 있게 된 것은 전혀 예기치 못했던 놀라운 성과였다.

- 참고 문헌 및 각주 -

■ Preface
1. Charles V. Gerkin makes this case in Crisis Experience in Modern Life (Nashville: Abingdon Press, 1979), pp. 23-28.

■ Chapter 1:
Healing Prayers in Pastoral Counseling
1. Wayne E. Oates makes this case in The Presence of God in Pastoral Counseling (Waco, TX: Word Books, 1986), pp. 32-34.
2. John Patton, Is Human Forgiveness Possible? A Pastoral Care Perspective (Nashville: Abingdon Press, 1985), pp. 144-145.
3. Suffering expressed as the absence of God has been explored by Marty E. Marty in A Cry of Absence: Reflections for the Winter of the Heart (New York: Harper & Row, 1983).
4. Robert Jewett, Romans, Genesis to Revelation Series, Teacher's Manual (Nashville: Graded Press, 1986), p. 55.
5. The view of story reflected in this work has been in flounced by Stephen Crites, "The Narrative Quality of Experience," Journal of the American Academy of Religion 39 (1971): 291-311, James Hillman, Healing Fiction(Barry town, NY: Station Hill Press, 1983); and Michael Goldberg, Theology and Narrative: A Critical Introduction (Nashville: Abingdon Press, 1982), pp. 108-115.
6. Gerald May discusses the relationship between spiritual guiding and spiritual counseling in "The Psychodynamics of Spirituality: A Follow-Up," Journal of Pastoral Care 31 (June 1977): 84-90.

■ Chapter 3:
Framing the Counseling Problem

1. Paul Ricoeur in The Symbolism of Evil (Boston: Beacon Press, 1967) refers to guilt as it is the "I who" has sinned that is emphasized in guilt. See p. 104.
2. The function of stories that give shape to people's lives has been explored in the following: Richard Robert Osmer and James W. Fowler, "Childhood and Adolescents: A Faith Perspective," Clinical Handbook of Pastoral Counseling, ed. Robert J. Wicks et al. (New York: Paulist Press, 1985), p. 176; Bernard Spilka et al., The Psychology of Religion: An Empirical Approach (Englewood Cliffs, NJ: Prentice-Hall, 1985), p. 5; and Stephen Crites, "The Narrative Quality of Experience," Journal of the American Academy of Religion 39 (1971): 293-294.
3. James F. Hopewell, Congregations: Stories and Structures (Philadelphia: Fortress Press, 1987), pp. 57-62.
4. For an understanding of how relationships high significant others influence our inner psychological life see Henry Guntrip, Psychotherapy and Religion (New York: Harper & Brothers, 1957); Merle Jordan, Idolatry of a Bad Parental Image as a Frustration to Becoming a Whole Person (Ann Arbor, MI: University Microfilms, 1965); Samuel Slipp, Object Relations: A Dynamic Bridge Between Individual and Family Treatment (New York: Jason Aronson, 1984); and John Patton, Is Human Forgiveness Possible? A Pastoral Care Perspective (Nashville: Abingdon Press, 1985).
5. Paul Ricoeur points out that the tragic vision is often accompanied by a hostile and pitiless god. See The Symbolism of Evil (Boston: Beacan Press, 1967), pp. 218-221.
6. Robert Jewett, Romans, Genesis to Revelation Series, Teacher's Manual (Nashville: Graded Press, 1986), p. 53.

■ Chapter 4:
Setting Goals in Marriage and Family Counseling
1. See Robert Jewett, Paul's Anthropological Terms (Leiden, EJ: Brill, 1971), p. 297.
2. Robert Jewett, Romans, Genesis to Revelation Series, Student Manual (Nashville: Graded Press, 1986), p. 84.

■ Chapter 5:
The Action Stages of Individual Counseling
1. Leanne Payne, The Broken Image (Westchester, IL: Good News Publications, Crossway Books, 1984).

■ Chapter 6:
Overcoming a Tragic Vision
1. Wolfgang Roth, in his new book entitled The Hebrew Gospel: Cracking the Code of Mark (Oak Park, IL: Meyer Stone Books, 1988), points out how the Elijah was the forerunner of Elisha's ministry, just as John the Baptist was a forerunner of Jesus' ministry (pp. 1-20). The importance is that Elijah's appearance is a forerunner that announces health and wholeness.
2. See F. F. Bruce, The Epistle to the Hebrews (Grand Rapids: Wm. B. Eerdmans Publishing Co., 1964), pp. 193-194.
3. These principles were developed by Murray Bowen, Family Therapy and Clinical Practice (New York: Jason Aronson, 1978), pp. 539-543.

■ **전요섭***(목사 · 성결대학교 교수)

▶성결대학교(신학과) 졸업
▶총신대학교 신학대학원(실천신학전공), 동 대학교 대학원(석사)
▶연세대학교 교육대학원(상담학전공, 석사)
▶세종대학교 대학원(교육심리-상담학전공, 박사수학)
▶호서대학교 대학원(목회상담학전공, 석사), 동 대학교 대학원 (목회상담학전공, 박사수료)
▶美 Oral Roberts대학교 신학대학원(목회상담학전공, 박사)

▶육군 군종장교(군종목사, 소령)
▶광명교회 담임목사
▶평택대학교 신학과(목회상담학) 교수
▶Oral Roberts대학교 신학대학원 교수
▶現, 한국 기독교 상담연구원 전문위원
▶現, 성결대학교 신학부(목회상담학) 교수

▶그룹 활동과 인간관계 훈련 (1,2집)
▶설교에서 1인칭 사용의 기술
▶전략적 목회상담학
▶성경적 상담학 개론
▶비전문 상담자를 위한 상담학
▶목회상담과 설교
▶신학과 심리학의 통합과 갈등
▶위기 상담학
▶치유와 기도

판권소유

치유와 기도

1998. 10. 20 초판 인쇄
1998. 10. 25 초판 펴냄

지은이 에드워드 p.윔벌리
옮긴이 전요섭
발행인 김영무

발행처 도서출판 아가페문화사
156-094 서울 동작구 사당4동 254-9
등록 제3-133호(1987. 12. 11)

보급처 : 아가페문화사
156-094 서울 동작구 사당4동 254-9
전화 02-3472-7252~3
팩스 02-523-7254
온라인 우체국 011791-0027379(김영무)

값 **5,000원**
ISBN 89-8424-002-8

삶·을·변·화·시·키·는
교사입니까

- 하워드 G. 핸드릭스 지음
- 김상복 목사 추천
- 김의원 · 조남수 공역
- 신국판/184쪽/값 5,000원

1. 교사의 법칙
   The Law of the Teacher
2. 교육의 법칙
   The Law of the Education
3. 행동의 법칙
   The Law of the Activity
4. 전달의 법칙
   The Law of the Communication
5. 마음의 법칙
   The Law of the Heart
6. 격려의 법칙
   The Law of the Encouragement
7. 준비의 법칙
   The Law of the Readiness

　오늘날 하워드 G. 핸드릭스는 미국에서 가장 유력한 기독교 교사일지도 모른다. 그것은 그가 다른 사람보다 더 많이 알거나 학생들을 더 많이 가르쳤기 때문이 아니라, 이 책에서 당신이 탐구할 일곱 가지의 힘 있는 원리를 탐구하는데 성실한 수행을 다했기 때문이다. 핸드릭스 박사가 이 "교사의 일곱 법칙"에 대하여 철저하고 생명력 있게 습득한 것을 당신도 신속히 실현할 것이며 …… 당신도 똑같이 실현하기를 바란다.
　이러한 야심적인 생각은 당신이 교사로서의 사명에 많은 도움이 될 것이다. 그래서 이 책 「교사입니까」는 당신이 비교할 수 없는 소명으로 새 출발을 하는데 도울 것이다.

 아가페문화사

세계의 종교들과 비교해 본 기독교의 진리들

1. 진리의 영과 미혹의 영들 → **2. 진리의 영과 거짓의 영들**

진리 · 거짓 · 미혹

■ 케이트 브룩스(1부) 지음
■ 스티븐 코리(2부) 지음
■ 김남준 편저
■ 신국판/144쪽/4,200원

▶ 초대교회 이래 어느 시대나 이단은 있어 왔습니다.
▶ 이 시대 역시 그 어느 때 못지 않게 이단이 창궐하고 있습니다.
▶ 이러한 이단의 현상은 이교의 기독교화와 기독교의 이교화로 나누어
▶ 생각해 볼 수 있습니다. 양자 모두 우리가 경계해야 할
▶ 이단의 사조임에는 두 말할 나위도 없습니다.
▶ 이들 모두 정통적인 기독교회의 적들이기 때문입니다.
▶ 본서는 이처럼 수없이 생성하는 이단들의 교리를 요약하여
▶ 기독교 기본진리와 비교 분석해 놓은 책입니다.
▶ 이 작은 책자가 교회의 유익을 위해 쓰여지기를 기도합니다.
▶ 「온갖 미혹의 영들로부터 택하신 백성들을 지켜 주소서, 아멘」

 아가페문화사

새로운 구약신학

하나님의 계획
Elmer A. Martens God's Design

■ 엘머 에이 말텐스 지음
■ 김의원 역
■ 신국판/354쪽/값9,800원
■ 아가페문화사 펴냄

사랑·사랑

■ 문태주 목사 지음
■ 아가페문화사 펴냄

인간의 행위 중에서 가장 아름답고 소중한 것이 사랑입니다. 사랑은 인간 행위의 주축을 이루고 인생의 근간을 구성합니다. 사랑 없는 인생을 생각할 수 없습니다. 루소의 말마따나 "산다는 것은 곧 사랑하는 것"입니다.

"아무 것도 모르는 자는 아무 것도 사랑할 수 없다. 아무 것도 할 수 없는 자는 아무 것도 이해하지 못하는 자다. 아무 것도 이해하지 못하는 자는 무가치하다. 그러나 이해하는 자는 보고, 들으며, 사랑할 수 있다. 어떤 이에 대한 이해의 폭이 증가할 때, 그에 대한 사랑도 커진다. 어떤 이가 모든 과일은 딸기처럼 자라는 것이라고 한다면, 그는 사과나 포도에 대해서는 아무 것도 모르는 사람이다."